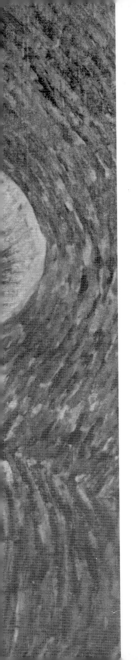

VINCENT
VAN GOGH
A NOITE ESTRELADA

Coleção ELOS
Dirigida por J. Guinsburg

Equipe de realização – Preparação: Soluá Simões de Almeida • Revisão: Marcio Honorio de Godoy • Logotipo da coleção: A. Lizárraga • Projeto gráfico de capa e miolo: Adriana Garcia • Produção: Ricardo W. Neves, Sergio Kon e Raquel Fernandes Abranches.

JORGE COLI

VINCENT
VAN GOGH

A NOITE ESTRELADA

PERSPECTIVA

Dados Internacionais
de Catalogação na Publicação (CIP)
(Câmara Brasileira do Livro, SP, Brasil)

Coli, Jorge
    Vincent Van Gogh: A noite estrelada / Jorge
Coli. – São Paulo : Perspectiva, 2006. – (Elos ; 59 /
dirigida por J. Guinsburg)

    Bibliografia
    ISBN 85-273-0769-3

    1. Gogh, Vincent van, 1853-1890 2. Pintores –
Biografia I. Ginsburg, J. II. Título. III. Série.

06-6888   CDD-750.92

Índices para catálogo sistemático:

1. Pintores : Biografia e obra   750.92

Direitos reservados à
EDITORA PERSPECTIVA S.A.
Av. Brigadeiro Luís Antônio, 3025
01401-000 São Paulo SP Brasil
Telefax: (11) 3885-8388
www.editoraperspectiva.com.br
2006

*Nesta nova edição, quero lembrar,
com grande afeto, a memória
de D. Gilda Mello e Souza,
que leu os originais deste livro.*

SUMÁRIO

Ao Leitor 11
Cronologia Sumária 13
A Decisão 19
Da Possibilidade de ser Maldito 29
A Imagem de Si 37
O Corpo e as Mulheres 51
A Paixão 59
Pintor sem o Saber 63
O Aprendizado 73
O Início 77
A Cor 85
As Últimas Etapas 93
Arles 95
Saint-Rémy 105
Auvers-sur-oise 111
A Morte 115
O Irmão 121
A Loucura 127
Três Historinhas (Falsamente) Morais e Edificantes 135
Para Conhecer Van Gogh 139

AO LEITOR

Neste livrinho, a vida e a obra de Vincent van Gogh aparecem reunidas em torno de algumas questões. Para que o leitor possa situar-se rapidamente na sucessão dos acontecimentos, estabeleci um quadro cronológico sumário.

Servi-me de várias citações, em sua maioria extraídas da correspondência de van Gogh. Vincent redigiu suas cartas em holandês, inglês e francês, línguas dos países em que habitou. Embora ele tivesse um bom conhecimento desses idiomas, em nenhum deles expressava-se com perfeição; mesmo, ao que parece, em seu holandês materno, devido à interrupção de seus estudos secundários. Além disso, evidentemente, escrevia para seu irmão e amigos cartas pessoais que não se pretendiam obras literárias. Portanto, se essa correspondência é admirável pela sua capacidade de introspecção e pelo poder de suas magníficas imagens, ela é, estilisticamente, irregular e por vezes desajeitada. Nas traduções aqui apresentadas – todas feitas a partir do francês – tentei preservar, antes de mais nada, a clareza.

Enfim, em nossos tempos cientificistas que exigem explicações causais para tudo e que recusam toda zona obscura, noções como "gênio" e "mistério" poderão parecer desusadas, fora de moda. É verdade que esse preconceito possui uma certa razão de ser, na medida em que elas foram com freqüência empregadas de uma maneira um pouco abusiva, dissociando a arte e o artista do contexto (social, político, econômico, cultural, psicológico) ao qual estão ligadas.

Para justificá-las não preciso buscar seus foros de nobreza invocando Platão ou os homens da Renascença, para quem foram conceitos essenciais. Basta lembrar que, se o gênio e seu mistério não podem ser concebidos apenas no interior de uma subjetividade, eles recobrem regiões que os nossos instrumentos de análise, por mais finos que sejam, não conseguem penetrar. A confluência infinitamente complexa de fatores faz com que um dia surja um Mozart ou um van Gogh. Possuímos alguns elementos de compreensão desses fenômenos, mas não todos os parâmetros. E, digam o que disserem os Trissotin deste mundo, os gênios, as obras-primas e seus mistérios continuam a desafiar nosso entendimento.

Marthe Robert, que escreveu "Le génie et son double" – um dos mais belos ensaios sobre van Gogh e sua loucura –, põe claramente os pingos nos ii:

> Assim, neste domínio onde só existem parcelas de verdade duramente arrancadas ao desconhecido, a pesquisa mais capaz de mostrar francamente seus limites ainda é a menos ilusória, sabendo que suas respostas serão, provavelmente, apenas novas questões que terão de ficar em suspenso[1].

1. Em *Van Gogh*, p. 172.

CRONOLOGIA SUMÁRIA

1853 – 30 de março: nascimento de Vincent Wilhelm van Gogh, na aldeia de Groot-Zundert, Holanda, perto da fronteira belga. Seu pai é o pastor calvinista Theodorus; alguns dos irmãos do pastor trabalham no comércio de quadros. Sua mãe, Anna Cornelia, é natural de Haia. Vincent será o irmão mais velho de seis outros filhos do casal.

1857 – 1º de maio: nascimento de Théo (Theodorus van Gogh), o irmão preferido de Vincent.

1863 – Morte de Eugène Delacroix; Manet provoca escândalo com seu *Déjeuner sur l'herbe;* Salon das Refusés, em Paris.

1868 – Interrupção dos estudos escolares de Vincent, talvez por dificuldades financeiras da família.

1869 – Graças à recomendação de um tio, Vincent vai trabalhar nas filiais da galeria de arte Goupil, primeiro em Haia, depois em Bruxelas. É um empregado consciencioso e eficaz. Lê muito e se interessa por museus e galerias.

1872 – Théo vai passar as férias com seu irmão em Haia. A partir daí uma correspondência intensa se estabelece entre os dois.

1873 – Vincent é transferido para Londres. Apaixona-se por Ursula Loyer, filha da dona da casa onde mora. O pedido em casamento é recusado, causando-lhe violenta decepção. Vincent, abatido, negligencia seu trabalho.

1874 – Primeira exposição dos impressionistas em Paris.

1875 – Seu tio Cornelius, pensando que uma mudança de ares lhe será benéfica, intervém para que Vincent, que voltara a Haia e de novo a Londres, seja transferido para Paris. Lá, freqüenta os museus, mas sobretudo lê muito a *Bíblia*. Conflitos com seus patrões. Morte de Corot.

1876 – É mandado embora de seu emprego. Parte para Londres como professor primário. Será também auxiliar do pastor Jones, fazendo sermões muito exaltados.

1877 – Vai trabalhar como vendedor em uma livraria de Dordrecht, pois sua família, constatando seu cansaço físico e sua emotividade exacerbada, pede-lhe que não volte a Londres. Mas Vincent fica apenas quatro meses nesse emprego: parte para Amsterdã, para preparar-se para o concurso para a Faculdade de Teologia, pois decidiu tornar-se pastor. Morte de Courbet.

1878 – Fracasso no concurso. Vincent obtém uma missão como evangelizador leigo de uma escola evangelista de Bruxelas e parte para o Borinage, uma região de minas de carvão muito pobre. Cuida dos doentes, vive quase na indigência, mas seu zelo excessivo e sua exaltação mística fazem com que seja demitido de suas funções. Primeiros desenhos de mineiros.

1879 – Vai pedir conselho ao pastor Pietersen, que compra dois de seus desenhos. Pouco a pouco se desliga da religião.

1880 – Passa o primeiro semestre muito angustiado. Vagabundeia. Sua vocação artística se afirma. Acaba se instalando em Bruxelas, onde conhece o pintor Ridder van Rappard – com quem mantém correspondência durante cinco anos. Estuda anatomia e perspectiva; copia obras de Jules Breton e Millet. Théo, empregado da firma Goupil em Paris, começa a ajudar seu irmão com dinheiro.

1881 – Vincent passa algum tempo em casa de seus pais, que residem agora na cidadezinha de Etten. Apaixona-se por sua prima Kee Vos, mas é repudiado – episódio da mão queimada. Vai várias vezes a Haia pedir conselhos a Anton Mauve, pintor então célebre e parente por aliança de Vincent. Realiza pela primeira vez algumas telas a óleo, e pratica a aquarela. Conflitos cada vez maiores com sua família. No Natal, depois de uma discussão acalorada, rompe com seu pai e vai para Haia. Nascimento de Picasso.

1882 – Vincent vive de empréstimos de Mauve e do dinheiro enviado por seu irmão. Briga e rompe com Mauve. Em janeiro encontra Sien, prostituta de uns trinta anos, alcoólatra, que tem um filho e espera um outro. Cuida dela e a emprega como modelo. Desenha também figuras do mundo da pobreza. Seu tio Cornelius encomenda e paga desenhos de vistas da cidade. Vincent mergulha na leitura de Zola. Contaminado por Sien, é internado no hospital para tratar de uma blenorragia. Decide casar com Sien, agora com dois filhos, e prepara um alojamento para sua "pequena família", como diz.

1883 – Convencido da impossibilidade de reabilitar Sien, com quem viveu mais de um ano, vai para a região pobre de Drenthe, ao norte da Holanda, onde pinta a condição terrível de vida dos operários e dos camponeses. No fim do ano parte para a nova residência de seus pais em Nuenen. Théo, de Paris, escreve-lhe sobre os impressionistas. Vincent lê textos de Delacroix sobre a cor.

1884 – Uma vizinha, Margot Begeman, de 39 anos, apaixona-se por Vincent e tenta se suicidar por ele. Vincent realiza a série dos *Tecelões*, e decora a sala de jantar do ourives Hermann, em Eindhoven, uma aldeia vizinha. Dá algumas lições de pintura a amadores de Nuenen e de Eindhoven.

1885 – Morte do pai de Vincent. Término dos *Comedores de Batatas*, seu quadro mais importante do período holandês. Faz uma litografia da tela. Rompe com van Rappard, que criticara duramente a obra. Vincent mora e trabalha num pequeno apartamento alugado, na casa do sacristão de Nuenen. Corre o boato que um dos seus modelos está grávida dele: o padre da paróquia (a região é principalmente católica), no púlpito, acusa Vincent e proíbe aos fiéis de posarem para ele. Vincent é despejado de seu alojamento. O boato era falso.

1886 – Instalado em Antuérpia, inscreve-se na escola de Belas-Artes. Ele se dá mal com esse tipo de ensino e é reprovado nos exames para as classes superiores. Em Antuérpia descobre Rubens. Fica doente por excesso de trabalho. Em fevereiro parte para Paris, sem avisar Théo, que morava e trabalhava lá. Instala-se no apartamento de Théo. Freqüenta o ateliê de Cormon, onde conhece Emile Bernard e Toulouse-Lautrec. Por intermédio de Théo, entra em contacto com Monet, Sisley, Pissarro, Renoir, Seurat, Signac. Pinta auto-retratos, naturezas-mortas, vistas de Paris. Conhece Gauguin, recém-chegado de Pont-Aven.

1887 — As relações entre os irmãos tornam-se cada vez mais difíceis. Théo, com uma doença nervosa que o obriga a ficar na cama, escreve à sua irmã que o convívio com Vincent é quase insuportável. Vincent torna-se íntimo de Emile Bernard. É atraído pelo pontilhismo e descobre as estampas japonesas. Freqüenta a lojinha de Tanguy e o cabaré-restaurante Tambourin, onde expõe algumas telas e mantém uma breve relação amorosa com a proprietária do estabelecimento, a italiana Segatori.

1888 — Partida brusca para Arles, onde se instala. Pinta paisagens de primavera. Passa alguns dias em Saintes-Maries-de-la-Mer, onde descobre o Mediterrâneo. Época das paisagens arlesianas, dos retratos da família do carteiro Roulin. No outono, pinta as paisagens noturnas: *O Café, A Noite Estrelada*. No fim do ano, Gauguin, por quem Vincent nutre imensa admiração, vem morar com ele. Os conflitos não tardam a explodir, culminando no Natal, com o episódio da orelha cortada e com a fuga de Gauguin. Vincent é hospitalizado.

1889 — Pinta o *Auto-retrato com a Orelha Cortada*. É vítima de alucinações intermitentes. A população de Arles lhe é hostil. Vincent é levado ao hospital pela polícia. Casamento de Théo. Vincent é internado no hospício de St.-Paul-de-Mausole, em Saint-Rémy-de-Provence, perto de Arles. Crises violentas, que tendem a se espaçar. Pinta febrilmente a paisagem das Alpilles, vistas de sua janela, vários retratos do pessoal do hospício e de si próprio.

1890 – Artigo entusiasta sobre Vincent, de Aubert Aurier no *Mercure de France*. Nascimento de Vincent Wilhelm van Gogh, filho de Théo.

A *Vinha Vermelha,* quadro de Vincent, é vendido em Bruxelas. Tanto o artigo elogioso quanto a venda do quadro são os únicos que se fizeram durante a vida de Vincent. No mês de maio, parte para Auvers-sur-Oise, a 60 quilômetros de Paris. Torna-se amigo e paciente do dr. Gachet, e instala-se no hotel-restaurante da família Ravoux. Pinta retratos, vistas da cidade (entre elas a *Catedral de Auvers*), paisagens (principalmente os *Campos de Trigo*).

27 de julho, domingo: dá um tiro no peito.

29 de julho: morre, com 37 anos, assistido por Théo.

1891 – Théo, vítima de crises violentas, durante as quais ameaça sua mulher e filho, é internado em Paris, primeiro na Maison Dubois, casa de repouso, em seguida na clínica do dr. Blanche, um dos mais célebres alienistas da época. Parecendo melhorar, parte com a família para a Holanda. É novamente internado, e morre numa casa de saúde de Utrecht, no dia 25 de janeiro.

1914 – As cinzas de Théo são transportadas para Auvers. Diante de duas lápides simples e idênticas, os dois irmãos repousam lado a lado.

Logo depois de sua morte, Vincent começa a ser conhecido. Entre 1900 e 1910 sua celebridade já se afirma. Em 1928, é editado o catálogo completo de Jacob Baart de la Faille, base para todo trabalho posterior de repertório e classificação da obra de Vincent.

A DECISÃO

...mais nada, além de minha obra[1].

Maquinalmente, sem nenhuma razão precisa, acrescento algumas linhas à minha carta, para comunicar-lhe uma idéia que me veio ao espírito.

Não somente comecei a desenhar bem tarde, relativamente, mas, além disso, também não estou seguro de viver ainda muitos anos.

Se calcular com sangue-frio, se me arriscar a fazer uma estimativa, uma espécie de orçamento, e se me propuser a refletir sobre isso, chegarei à conclusão lógica de que não sou absolutamente capaz de prever o que quer que seja nessa matéria.

Entretanto, a comparação entre diversas pessoas das quais se conhece a vida, ou a comparação entre nós mesmos e alguns outros, com quem possuímos certos pontos de semelhança, permite conclusões que não são sem fundamento. Por exemplo, creio poder concluir, sem exagerar, que meu corpo, apesar dos pesares, agüentará o tranco durante alguns anos, digamos seis a dez anos. Ouso tirar essa conclusão, ainda mais que não há motivo, por ora, para empregar a expressão apesar dos pesares.

1. Carta a Théo, Haia, agosto de 1883.

Conto firmemente com esse lapso de tempo; no mais, arriscar a estabelecer limites seria especular no vazio; meu trabalho futuro dependerá dos dez anos que virão, mas haverá aí, para mim, alguma coisa a fazer, sim ou não?

Se me gastar a mim mesmo sem contar, durante esses dez anos, não ultrapassarei os limites dos quarenta; se me mantiver em forma para poder resistir aos choques habituais e vencer certas dificuldades físicas mais ou menos complicadas, encontrar-me-ei em águas navegáveis relativamente calmas, entre os quarenta e os cinqüenta.

Tais especulações não estão, por ora, na ordem do dia; só os projetos relativos aos cinco ou dez anos devem reter a atenção.

Não tenho o intuito de me poupar, nem de resistir às emoções e às penas – é-me indiferente viver mais ou menos longamente; por outro lado, não me sinto competente para dirigir minha vida animal como, por exemplo, um médico poderia fazê-lo.

Vivo portanto como um ignorante, que só sabe de uma coisa com certeza: devo levar a cabo em alguns anos uma tarefa determinada; não é necessário apressar-me excessivamente, pois isso não leva a nada – devo limitar-me ao meu trabalho, com calma e serenidade, tão regular e ardentemente quanto possível; o mundo me importa pouco, a não ser pelo fato de que tenho uma dívida para com ele, e também, pois nele deambulei durante trinta anos, a obrigação de lhe deixar por gratidão algumas lembranças em forma de desenhos ou quadros – que não foram feitos para agradar tal ou qual tendência, mas para exprimir um sentimento humano sincero.

Logo, minha obra constitui meu único objetivo – se eu concentrar todos meus esforços nesse pensamento, tudo o que fizer, ou não, se tornará simples, e fácil, na medida em que minha vida não será semelhante a um caos e em que todos os meus atos tenderão para esse fim. No momento, meu trabalho avança com lentidão – razão a mais para não perder tempo. Creio que Guillaume Regamey não deixou uma reputação sólida [...] o que não impede que eu respeite muito sua personalidade. Morreu com trinta e oito anos de idade; durante um período de seis ou sete anos consagrou-se quase exclusivamente a desenhos que possuem algo de muito particular; trabalhou neles num momento em que estava alquebrado por males físicos. Eis um exemplo entre outros; eis um bom artista entre vários outros.

Não gostaria de me comparar a ele, pois não o valho; quis simplesmente citar um exemplo de domínio de si e de vontade, o exemplo de um homem agarrado a uma idéia vivificadora que, em circunstâncias difíceis, lhe indica o caminho a seguir e o meio de realizar, apesar de tudo, um bom trabalho. É assim que me vejo a mim mesmo – devo realizar, em alguns anos, uma obra cheia de coração e de amor, e consagrar-me com energia a isso. Se ficar mais tempo em vida do que espero, tanto melhor, mas não quero considerar essa eventualidade.

É preciso que eu realize alguma coisa de válido em poucos anos, esse pensamento me guia quando faço projetos em relação à minha obra. Você compreenderá que sou levado pelo desejo de empreender energicamente meu trabalho. E estou decidido a empregar meios simples. Pode ser que você também compreenda que não considero meus estudos de modo isolado, mas que sempre me preocupo com o conjunto de minha obra[2].

Não creio que exista outro documento como este, não sei de artista que tenha colocado tão claramente um projeto de vida e de obra, que tenha assim previsto o momento de sua morte. A um tal ponto, que, à leitura desta carta, o suicídio de Vincent van Gogh pode parecer o término desejado de antemão, anos antes. Como se o impressionante aspecto premonitório desse texto repousasse sobre um programa perfeitamente estabelecido e cumprido.

O trajeto, cujo começo é tão lucidamente assinalado no ano de 1883, em Haia, chega ao fim em 1890, numa

2. Pós-escrito de uma carta destinada ao irmão Théo, enviada de Haia, em 1883. Assim, com a frase "meu corpo [...] agüentará o tranco durante [...] seis a dez anos", Vincent anuncia a sua morte, com sete anos de antecedência.

pequena cidade não muito longe de Paris: Auvers-sur-Oise. Com um tiro no peito Vincent se retira deste mundo, fechando a porta atrás de si. Tinha cumprido sua tarefa.

O que é estranho nessa tarefa é a ausência de recompensa, afora o ato mesmo de cumpri-la. Ela não é movida por uma ambição que poderia ser chamada de temporal ou mundana: a da conquista de glória, riqueza ou poder neste nosso mundo; a dos objetivos comuns, próprios aos ambiciosos vulgares. Isto é claramente expresso: "a gente perde tempo e dinheiro nisso, e, entretanto, a gente sente ferver dentro de si uma tarefa que tem de ser feita". Há, na atitude de Vincent van Gogh, uma espécie de determinismo, de fatalidade, como que uma vocação, no sentido religioso do termo, da qual ele não se afasta nunca. Há nele o programa da realização de uma obra que *tem* de cumprir. Mesmo não sabendo nunca se o reconhecimento de seu valor virá. E a questão aguda é, afinal, não tanto como pôde ele prever assim tão minuciosamente o que seria sua vida e quanto lhe restaria para viver, mas, sobretudo, como, antes sequer de verdadeiramente começar seu trabalho de pintor, pôde adivinhar que sua futura obra valeria a pena, a dor e o sacrifício de sua vida?

Talvez não soubesse exatamente que era um gênio. Ele não ousa se comparar a um Regamey; e quando em 1890, no jornal *Mercure de France,* Albert Aurier publica o primeiro artigo proclamando o excepcional valor de seus quadros, responde: "Sinto-me entretanto pouco à vontade quando penso que caberia antes a outros o que o senhor diz de mim. Por exemplo, a Monticelli, sobretudo".

Falsa modéstia? Não, certamente. Vincent respeita e admira Monticelli com sinceridade e não se serviria de seu nome como mero recurso retórico.

No entanto, quando Vincent se refere aos grandes nomes da pintura, é num tom de igual para igual. Millet e Delacroix, dois dos seus grandes ídolos, não são objetos de uma veneração inferiorizada, mas como que de um diálogo.

É que, sem se considerar como o melhor dos melhores, Vincent *sabe* que é pintor. Cita uma vez para Théo a frase de Corregio: "Anch'io son pittore", e lhe diz, em 1883:

> Eu lhe declaro, Théo, que penso mais facilmente na questão de saber de que maneira os braços, as pernas, a cabeça estão ligados ao tronco, do que em me perguntar se sou ou não eu mesmo artista, ou mais ou menos artista.

E, em 1888, ao mesmo Théo: "Eu só tenho a escolha entre ser um bom ou um mau pintor. Escolhi o primeiro".

Do que isso significa como escolha, Vincent tem uma consciência claríssima:

> Irmão muito caro
>
> Gostaria que você compreendesse que devo me mostrar conseqüente em diversos domínios.
>
> Você sabe o que é um erro de perspectiva em pintura; é outra coisa, e bem mais grave do que desenhar mal um detalhe ou outro.
>
> Um único ponto decide a inclinação mais ou menos acentuada, e também o lugar que as faces laterais dos objetos ocuparão mais à esquerda ou mais à direita na composição.
>
> *Assim é na vida.*
>
> Se disser: sou um pintor pobre e tenho ainda vários anos de luta pela frente – deverei organizar minha vida cotidiana mais ou menos como a de um operário agrícola ou a de um operário de

fábrica – é um ponto de vista que decide muitos detalhes cuja coerência se quebraria se não fossem considerados globalmente. Certos pintores se encontram numa situação diferente da minha, podem e devem se ajeitar de outro modo que eu.

Cada um deve cortar o nó por si mesmo. É evidente que meus feitos e gestos teriam sido influenciados por outras contingências – se eu tivesse outras oportunidades e outras possibilidades, e se acontecimentos decisivos não se tivessem produzido. [...] pelas circunstâncias, renunciei voluntariamente a freqüentar os que têm um certo *status*, mesmo os membros de minha família [...]. Assim, estamos diante deste fato: minha firme decisão de não me preocupar com mais nada além de minha obra[3].

Não é possível escolha mais nítida, firme e obstinada. A Emile Bernard ele dirá que a profissão de pintor tem alguma coisa a ver com a do soldado e a do monge – pela disciplina, que deve ser imposta ao trabalho, mas também – e sobretudo – pela renúncia que implica. Essa grande opção dirigirá todas as outras; para cada gesto e para cada decisão será facilmente encontrado um sentido, pois tudo está inteiramente determinado pelo tropismo da criação artística.

Mas, em van Gogh esse tropismo é devorador e absoluto:

Porque, [escreve a seu irmão em 1889], é sempre um pouco verdade que um pintor, como homem, está sempre absorto demais pelo que seus olhos vêem e não domina o resto de sua vida.

E nas suas cartas aparece, constantemente, a oposição entre a pintura e o que ele chama de "a verdadeira vida":

3. Escrita em Haia, em agosto de 1883.

dadas as circunstâncias, é preciso se contentar em fazer quadros. O que não é a felicidade, nem a verdadeira vida, mas o que é que você quer? Mesmo esta vida artística, que sabemos não ser a verdadeira, me parece tão viva que seria ingratidão não me contentar com ela[4].

Na escolha e na renúncia, poder-se-ia supor um fenômeno de época: afinal de contas, é suficiente evocar os nomes de Cézanne e Gauguin, tão obstinados quanto ele apesar da indiferença do resto do mundo, para que seu caso não apareça isolado.

E, como já disse a respeito de van Gogh, para Cézanne e Gauguin também o mais espantoso não é a decisão sacrificial, a vocação que os faz renunciar ao mundo para empunhar um pincel. O surpreendente, o grande prodígio, é a qualidade da produção que resultou disso. Os três jogaram uma carta só: a da pintura. E ganharam, triunfalmente, como poucos na história das artes. Sabiam que o sacrifício se justificava, pois a cartada era certa.

Assim, no panteão das artes, Gauguin, van Gogh, Cézanne tronam, bem no alto. Mas no panteão, isto é, num cemitério ilustre. Constatar esta situação privilegiada é coisa fácil para nós, os pósteros, agora que o valor deles parece indiscutível, agora que o menor de seus esboços – ou nem isso – o mais corriqueiro de seus bilhetes, o rabisco mais simples, são vendidos a preços astronômicos; é fácil para nós, agora que a consagração imensa não deixa dúvidas. Eles, durante suas vidas,

4. Carta a Théo, Arles, maio de 1888.

apoiaram-se num só elemento – a certeza interior. Não tinham sequer o estímulo de um grupo ativo, como os impressionistas, seus contemporâneos de Paris, pois viviam isolados, solitários, em lugares afastados. A fé absoluta e devoradora em suas obras impunha a solidão.

Dos três, van Gogh foi em vida o mais ignorado. Gauguin conseguira reunir um círculo restrito de admiradores e também vender, de quando em quando, um quadro. Cézanne viveu suficientemente para vislumbrar a celebridade. Van Gogh não. Durante sua vida vendeu um só quadro, a uma pintora, amiga, Anne Boch: *Parreira Vermelha*. Por quatrocentos francos. É difícil fazer a conversão em moeda de hoje, pois o poder aquisitivo, qualitativamente, não é o mesmo. Mas basta lembrar que Vincent vivia miseravelmente com 150 francos por mês (era o que lhe podia enviar seu irmão Théo para sua subsistência), ou que almoçava nos estabelecimentos mais humildes com um mínimo de quatro francos.

Uma única venda. Um só artigo elogioso num jornal. Mas Vincent sabia que era pintor. Escreve a Théo:

> Não é minha culpa se meus quadros não se vendem. Chegará o dia, no entanto, em que se verá que eles valem mais que o preço das tintas e de minha vida, tão magra em suma, que investimos neles.

Ou:

> Como? Uma tela que recubro, vale mais que uma tela branca. É este – e minhas pretensões não vão mais longe, não duvide – o meu direito de pintar, a minha razão de pintar, diabo, mas eles me pertencem![5]

5. Carta a Théo, Arles, 1888.

É inútil tentar explicar inteiramente essa força imensa e segura que existia na alma de van Gogh, de Cézanne, de Gauguin. Mas, ao fenômeno van Gogh, Gauguin, Cézanne, pode-se buscar certas causas que, limitadas e sem dar conta do prodígio, ajudam a apreender algumas condições de possibilidade.

Da possibilidade de ser maldito

*Esta é uma boa época
para os pintores?* [1]

Nunca antes, na história, houve uma ruptura tão radical entre os artistas e o público. Nem a solidão da velhice de Rembrandt, nem o comportamento de *enfant terrible* de Caravaggio, nem as malandragens de Cellini têm um ponto qualquer de comparação com esse isolamento – e ao mesmo tempo essa certeza do bom caminho – que encontramos nos mestres do fim do século xx.

Creio que, sem muito abuso generalizador, pode-se dizer que até os fins do século xviii havia uma coerência cultural, solidamente estruturada, que dava ao artista seu lugar, sua função, que o colocava ao serviço do poder, da ordem, e que, por isso mesmo, impossibilitava toda revolta profunda. Os conflitos, por mais ásperos que fos-

1. Carta a Van Rappord, Haia, fevereiro de 1883.

sem (pensemos no comportamento de Michelangelo), eram episódios individuais que não comprometiam a situação efetiva do artista.

Ele exaltava, celebrava, ilustrava o que lhe pediam, numa interação harmoniosa com seu público, que o solicitava e que sabia compreendê-lo. É claro que a natureza polissêmica da obra de arte, mina inesgotável de ambigüidades, de alusões insuspeitadas e de estímulos incontroláveis, ultrapassa de longe as funções que circunstancialmente, no momento de sua criação, lhe são atribuídas. Mas, nas relações de produção, no contacto do artista com o mecenas, com o público, com o poder, neste nível primeiro que determina as condições de possibilidade do objeto artístico e de seu próprio criador, tudo se passava com clareza: cada um conhecia seu lugar, o que devia fazer, o que devia esperar, até onde podia ir.

O último grande artista desse tipo dos integrados na sua época, foi David, que se harmonizou perfeitamente com o poder napoleônico. Celebrou genialmente o Primeiro Império, teve posição e glória invejáveis, exerceu uma tirania incontestada sobre o mundo das artes. Mas é o último nome de pintor diante do qual, sem relutância, podemos colocar um sinal positivo.

Depois dele, com Delacroix e Ingres, há um momento de hesitação. Ambos, certamente, foram celebrados, e ganharam muito bem suas vidas. Mas neles existe um forte retraimento, uma grande desconfiança em relação aos seus contemporâneos. Apesar das idéias liberais de Delacroix e de seus quadros políticos da mocidade, apesar do legitimismo de Ingres e de suas recompensas oficiais, eles não se põem ao serviço de um poder qualquer.

E se sentem incompreendidos, vítimas de equívocos: Ingres passa uma grande parte de sua vida na Itália para evitar o meio artístico francês que lhe dirige críticas e elogios fundamentados em falsas razões; Delacroix morrerá vituperando contra um romantismo que ele renega e ao qual associaram insistentemente seu nome. Na realidade, os dois escolheram a solidão da torre de marfim.

E vem, finalmente, o gigante Courbet. A revolução que ele provocou na Pintura foi imensa, até hoje, por vezes, ainda mal avaliada. Não se trata aqui, é claro, de retraçá-la. Lembremos apenas que Courbet é o primeiro artista a romper conscientemente com o poder, a desdenhar o público, a assumir o papel de contestador, de crítico, a reivindicar uma situação diametralmente oposta à de David. É verdade que os românticos, com a subjetividade exacerbada que cultivavam, já haviam entrado em conflito com a sociedade – mas o faziam de um modo sentimental, opondo ao mundo o refúgio no imaginário e no culto da infelicidade.

A ruptura de Courbet é proposta de modo programado e claro, em nome de uma nova dignidade da arte, a dignidade do não conformismo, criando o personagem do artista independente, orgulhoso, do demiurgo senhor de si, confiante na sua arte, contra tudo e contra todos. Courbet pintou uma grande quantidade de auto-retratos, como Rembrandt, como van Gogh. Mas, diferentemente dos holandeses, a causa não é nenhuma interrogação sobre si mesmo. Ao contrário, os auto-retratos de Courbet são afirmações insolentes, altivas. Com eles, nenhum diálogo é possível: de cima para baixo, são eles que nos olham, que nos julgam, que nos questionam e nos desprezam. A célebre vaidade pessoal de Courbet foi, na verdade, um meio de dar independência e autonomia ao artista frente a seu público: ao narcisismo masoquista e passivo dos românticos, ele opõe um outro, agressivo e, por assim dizer, militante.

Um quadro-chave, essencial: *Bonjour, M. Courbet* (Bom-dia, Sr. Courbet) – o pintor, o *senhor* Courbet, está de pé, olhando do alto, majestosamente, para um personagem, símbolo do seu público (o dr. Bruyas, mecenas, comprador de suas obras, acompanhado de seu criado). O quadro é uma réplica emblemática e explícita dessa relação de superioridade arrogante que seus auto-retratos mantêm com o público que os contempla. Na mesma tela, ao longe, uma diligência vai embora – o *senhor* Courbet, com um cajado na mão, em mangas de camisa, viaja a pé, como um vagabundo, desprezando os meios de transportes próprios aos mortais comuns. Ele é justamente *senhor* porque é vagabundo, porque é independente, porque escolhe seus caminhos. Vai por onde quer, não é levado por cavalo nem cocheiro.

Superior e livre, desdenha seu público, e, *a fortiori,* a crítica. Solitário, é o Artista com A maiúsculo, que conhece sua importância, que traça seu destino, que não transige com compromissos e honrarias – sua carta, recusando a condecoração da Légion d'Honneur, é um notável documento da dignidade humana.

Esta atitude se encontra com certeza na base da nova consciência de si de artistas como Cézanne, van Gogh ou Gauguin. Este último pintará, aliás – pelo menos duas vezes – um *Bonjour M. Gauguin* (Bom-dia, Sr. Gauguin), inspirado no quadro de Courbet.

Desta forma, o terreno da marginalidade que van Gogh pôde ocupar já havia sido preparado por Courbet. Mas não é tudo. Courbet trouxera também a idéia de um combate artístico que não se dava apenas no campo das questões formais ou estilísticas, mas que estava associado à idéia de uma reforma profunda das artes, à criação de um universo artístico moderno, próprio e específico. É aí que vai surgir, embora a palavra não fosse ainda aplicada, a idéia de vanguarda. Para Courbet, seu realismo era uma denúncia contra a pintura literária, de imaginação, que desviava o homem dos problemas de seu tempo e o dirigia para um mundo de artifícios. Courbet tinha consciência de instaurar a modernidade da arte, contradizendo a produção artística convencional da época.

Com o passar do tempo, a partir dos anos de 1870, a clivagem é ainda mais forte e, diante da arte nova, a reação do público é violenta e escarnecedora – são imbecilidades de todo tipo que chovem sobre os impressionistas. É o ideal de modernidade que cria, nesses pintores novos, a força de resistir. E é também esse ideal que criará, no espírito dos solitários Gauguin, Cézanne e van Gogh, a radicalização, a confiança em si que é antes uma confiança na arte moderna.

Eles têm a convicção profunda de participar de uma renovação artística sem precedentes:

Há no futuro uma arte, e ela deve ser tão bela e tão jovem, que se é verdade que deixamos com ela nossa juventude, só podemos, com ela, ganhar serenidade[2].

2. Carta a Théo, Arles, maio de 1888.

É assim que, desse ponto de vista, Vincent considera seu irmão mais importante do que ele próprio, pois, enquanto *marchand,* Théo pode promover e proporcionar as condições de existência aos pintores da nova arte:

Considerando, se você quiser, o tempo em que vivemos como uma renascença verdadeira e grande da arte, a tradição carunchada e oficial está ainda de pé, mas é, no fundo, impotente e preguiçosa; só são capazes os novos pintores, pobres, tratados como loucos, e, em conseqüência desse tratamento, tomando-se realmente loucos, pelo menos no que concerne à vida social.

Então saiba que você faz absolutamente o mesmo trabalho que esses pintores primitivos, pois você fornece dinheiro a eles e vende suas telas, o que lhes permite produzir outras.

Isto para dizer que, se você pinta indiretamente, você é mais produtivo do que, por exemplo, eu. Quanto mais você se tornar *marchand,* mais será artista.

Eu também espero estar no mesmo caso... mais me torno dissipado, doente, moringa quebrada, mais eu também me torno artista, criador, dentro dessa renascença das artes de que falamos.

Estas coisas são certamente assim, mas esta arte eternamente existente, e esta renascença, este galho verde saído das raízes do velho tronco cortado, são coisas tão espirituais, que uma certa melancolia fica em nós, ao pensar que, com menos custo, poderíamos fazer vida, ao invés de fazer arte[3].

Ou ainda, quando, de Arles, escreve à sua irmã, no verão de 1888:

Vivemos agora aqui num universo pictural onde tudo é inexprimivelmente horroroso e miserável. As exposições, as lojas de quadros, tudo, tudo é açambarcado por gente que intercepta todo o dinheiro. E não pense que isso é uma idéia da minha imagi-

---

3. Escrito no dia 29 de julho de 1888, a Théo.

nação. Paga-se dinheiro, muito dinheiro por obras, depois que o pintor morreu.

Nada podemos fazer para modificar essa tendência. Bem sei. [...] Resta o fato que realizar um quadro proporciona um real prazer; dito isto, resta também o fato que há aqui, neste momento, uma equipe de uns vinte pintores, todos tendo mais dívidas do que dinheiro etc., todos tendo um modo de viver que parece um pouco com o dos cães das ruas, mas que, talvez no futuro, tenham mais importância que todo o Salão oficial, quanto à feitura das obras.

O artista demiurgo, o ideal da arte moderna, a consciência da missão criadora, os sacrifícios que ela impõe, a escolha da marginalidade, tudo isto surge numa encruzilhada da história das artes, tudo isto são condições de possibilidade para a florada desses artistas novos. Mas elas estão longe de ser as únicas. E no caso de van Gogh, particularmente, onde loucura e lucidez, premonição e projeto se misturam tanto, temos que contar com a parte de mistério e aceitar o inexplicável, que surgem nos interstícios de uma conjunção delicada e única, de vida individual, de época, de sociedade, de circunstância, de acaso, permitindo, asperamente, a eclosão do gênio.

A IMAGEM DE SI

Em minha alma, sou belo[1].

Muitos textos foram escritos sobre van Gogh. Creio, entretanto, que nenhum atingiu uma finura de análise tão grande quanto a do *Diário de Dirk Raspe* (o personagem de Dirk Raspe sendo, em realidade, van Gogh), romance, ou antes, fragmento de romance infelizmente inacabado de Drieu la Rochelle. O projeto de Drieu era reconstituir a trajetória de van Gogh: só teve tempo de terminar a primeira parte de sua vida.

Não é de espantar que um texto literário seja, no caso, um excelente meio de abordagem. A complexidade do caráter, da situação moral, social, artística de Vincent, seu gênio, sua vida dolorosa e particular oferecem um objeto rico demais para as análises parciais da psicologia,

---

1. Victor Hugo, *Notre Dame de Paris,* citado por van Gogh, carta a Théo, Haia, setembro de 1883.

da sociologia, da estética, da crítica de arte, cujos instrumentos terminam por parecer grosseiros e insuficientes. O romance, não. Nele, a ficção que recria recorrendo à intuição, capaz da nuança mais delicada, permite um conhecimento íntimo do personagem. Com seu fragmento, Drieu la Rochelle demonstra que o romance é, no que concerne a van Gogh, o melhor meio – o mais sutil – para nos aproximarmos dele.

Drieu traça o retrato de Dirk Raspe, nome de seu personagem que recobre em realidade o de van Gogh. Em suas descrições surge a imagem de uma escultura tosca e desajeitada, que evoca imediatamente os auto-retratos do próprio Vincent. Pois se van Gogh só deixou poucas referências escritas sobre seu corpo ou seu rosto, nos legou muitas imagens pintadas de si mesmo, executadas num período curto: trinta e cinco telas realizadas entre 1886 e 1889, a primeira em Paris, a última em St.-Rémy-de-Provence.

Todos esses auto-retratos, apesar das profundas diferenças que possuem entre si, guardam a característica escultural que Drieu la Rochelle acentua. A pintura de van Gogh dá sempre essa impressão de uma matéria colorida modelada pelas mãos, não somente em sua superfície rugosa tão característica, mas igualmente nos volumes representados, e mesmo nas coisas impalpáveis – o céu, a água, o mar que são "táteis" e como que conservam, cristalizados, os traços dos dedos modeladores. Tudo é matéria em van Gogh: em sua pintura, pincel rima fortemente com cinzel.

Assim, os rostos em van Gogh têm uma definição nitidamente plástica. São bem diferentes do "duplo" ilusionista que reproduzem as atitudes "naturais" dos modelos, como os hábeis retratistas do século XVIII – La Tour, Tocqué ou Perroneau – sabiam fazer. Para van Gogh os retratos são suportes muito concretos, muito sólidos, muito estáveis para suas experiências picturais. Mas são também sua própria imagem. Se seus retratos falassem por ele, poderiam dizer:

Retrato n. 1

Sou este senhor, fumando cachimbo, de terno e gravata, vestido de verde, que acaba de chegar em Paris, em 1886, um pouco severo, um pouco convencional, posando diante de um fundo escuro. Convencional? Vocês não olharam bem: vejam como no marrom das sombras escorregam, em volta de meu rosto, na minha orelha, pinceladas vermelhas cor de brasa, cor da pequena brasa única de meu cachimbo, cor de brasa da minha barba, do meu bigode, que os tons sombrios não conseguem conter. Vejam como o lado esquerdo do meu rosto é banhado por uma luz amarela que o pincel um pouco frenético fez subir pelo nariz, sobrancelhas, testa; como são chamas meus cabelos; como pareço estar recebendo os reflexos de um incêndio. E como, neste retrato feito de escuro e de fogo, meus olhos, dois carvões extintos, olham inquisidores para você.

Retrato n. 2

E num quadro eu gostaria de dizer alguma coisa de consolador como uma música. Gostaria de pintar homens ou mulheres com não sei que de eterno, cujo símbolo era, outrora, a auréola, e que buscamos pela própria irradiação, pela vibração de colorações.

[...] Ah! o retrato, o retrato com o pensamento, com a alma do modelo.

[...] Exprimir o amor de dois namorados por um casamento de duas cores complementares, pela sua mistura e oposição, pelas vibrações misteriosas dos tons que se avizinham. Exprimir o pensamento de uma testa pela irradiação de um tom claro sobre um fundo sombrio.

Exprimir a esperança por alguma estrela. O ardor de um ser pelo dardejar de um sol poente. Isso não é, com certeza, *trompe l'oeil* realista, mas não é isso algo que realmente existe?[2]

Sou também esse ser estranho, de paletó azul e chapéu de palha, que pintei em 1887, um ano antes de exprimir minhas idéias sobre a "irradiação" dos seres. É esta a imagem mais conhecida de mim. Servi-me do divisionismo, que meu amigo Seurat inventara e praticava, mas de um divisionismo muito meu. As pinceladas separadas me seduziam muito, porque elas acentuavam a materialidade das cores, que podem ser modeladas, por assim dizer, na matéria de que são feitas. Seurat quer que as pinceladas, isoladas, vibrem num conjunto, e que se irmanem nessa vibração. Eu gosto de senti-las individualmente, bem marcadas no seu trajeto. E gosto de dirigir esse trajeto. Nos quadros de Seurat as pinceladas são imóveis. Vejam, ao contrário, como as minhas partem das arestas do nariz, cobrindo o rosto, escorrendo pela barba; como o meu olho direito é centro de curvas que substituem as sombras; como sobem, paralelas, as pinceladas claras pelo chapéu, como descem as azuis

2. Carta a Théo, Arles, setembro de 1888.

Auto-retrato *(busto, três quartos para a direita, fumando cachimbo).*
Paris, primeiro semestre de 1886. 46x38 cm (Amsterdã, Rijksmuseum
van Gogh).

pelo paletó. E como, para assinalar a eternidade do meu espírito, substituí a auréola dos santos por esse fundo feito de traços azuis concêntricos, cravejados de pontos vermelhos – pontos que empreguei também para colorir minha barba. Nada ficou ao acaso e eu quis que todos esses ritmos tivessem um centro: meus olhos – não mais carvões extintos. Sou este ser sem sorriso, mas de cujo olhar partem vibrações coloridas que me envolvem, criando um mundo onde elas – cores, vibrações – substituem a luz e a matéria. O que é o mundo? Cores, cores lindas que vibram. E eu, quem sou? O autor desse mundo.

Retrato n. 3

Em 1888, ofereci um retrato a Paul Gauguin. O sentimento da fraternidade entre os artistas japoneses é, pelo que sei, muito grande: assim, amendoei um pouco meus olhos para evocar esse sentimento oriental da amizade. Pintei-o diante de um espelho, que comprei especialmente para poder bem examinar as formas do meu rosto e o que ele exprime. Sua estrutura aparece nitidamente, pois estou com os cabelos muito curtos, quase raspados. Os contornos se destacam num fundo verde que se irradia. Mais do que nunca, minha imagem é apresentada como a de um busto modelado. Mais do que nunca, as arcadas são salientes, os olhos fundos nas órbitas oblíquas. Sobre a pele, as pinceladas deixam seus traços impressos em relevo. Ainda uma vez, não há sorriso – nunca haverá – e meus cabelos curtos, minha camisa sem colarinho evocam as imagens dos doidos nos hospícios públicos. Alguma coisa do louco e do indigente. Mas não há miserabilismo,

Auto-retrato *(busto, três quartos, com chapéu). Paris, verão de 1887. 44x37,5 cm (Amsterdã, Rijksmuseum van Gogh).*

nem quero piedade. Meu queixo está erguido, meu olhar, firme. E vejam: não sou feito de carne, nem de argila, nem de bronze. Não: meu busto foi fundido em ouro. Meu pescoço, meu rosto são de ouro, com tons avermelhados, tons que se fundem com meu paletó escuro, com o botão grande do meu colarinho. Minha indigência cotidiana é insignificante, pois sou, minhas carnes são, minha matéria é feita do mais nobre metal.

Retrato n. 4

E eis-me com a orelha cortada, fumando furiosamente meu cachimbo. Meu rosto não é mais mostrado orgulhosamente em sua nudez, mas envolvido nos curativos, coberto pelo chapéu, instalado sobre meu velho casaco, espécie de pirâmide sólida, de um verde triste, reforçado pelo contorno das golas, que ocupa a parte inferior do quadro. Meu rosto é lívido, como se fosse esculpido em gesso. Nele, as sombras, a barba são de um amarelo sujo. Neste momento de doença – mais da alma do que do corpo – deixei as cores vivas e lindas, de que gosto tanto. Apenas o fundo, dividido horizontalmente, me aquece um pouco com um vermelho e um amarelo avermelhado que me consolam. E, mais do que me consolar, esse fundo introduz um elemento de estrutura suplementar ao quadro: o horizonte-fronteira entre o vermelho e o amarelo se encontra exatamente na altura de meus olhos: é essa linha que mantém minha cabeça erguida.

Se eu pude antes irradiar cores, se, altivo, pude me transfigurar em ouro, aqui é o rigor da construção do quadro que me sustenta em pé: o casaco, pedestal largo em

Auto-retrato *(busto, três quartos para a direita)*. Arles, setembro de 1888. 62x52 cm *(Cambridge, Massachussets, Fogg Art Museum)*.

forma de pirâmide; os contornos escuros, fortemente pronunciados; as zonas horizontais do fundo. Precisei estruturar o mundo para que eu mesmo não desmoronasse.

Retrato n. 5

E, finalmente, esta última imagem de mim mesmo, pintada em St.-Rémy, no mês de setembro de 1889, no hospício onde me internaram. Nela, há um princípio constitutivo elementar: as minhas pinceladas direcionais se organizam de uma forma chamejante, como labaredas sinuosas que se resolvem em turbilhão. É um princípio que empreguei para pintar alguns ciprestes, alguns céus estrelados; no fundo do meu quadro, estas unidades-labaredas poderiam evocar os desenhos decorativos da moda *art-nouveau*, se não fosse o prazer que eu tive em inventar o caminho próprio de cada uma dessas chamas, recusando a repetição sistemática. Assim, nesses motivos, há uma vida interna e turbilhonante, essencial e não decorativa. Meu paletó e meu rosto participam também desse incêndio, incêndio particular, pois quis fazê-lo frio, com verdes, azuis e cremes, entremeados de violetas, rosas, e sobretudo desse amarelo-limão, uma das minhas cores preferidas. Em tudo isso, o poder das minhas pinceladas, sempre tão visíveis, tão materializadas, ao mesmo tempo criam o movimento e o cristalizam. Nessa fogueira vibrante, mas imóvel e fria, o colorido de meu rosto, de minha pilosidade avermelhada, se destaca: os cabelos vão para trás, as sobrancelhas e a barba são minúsculas chamas paralelas e ativas. Sublinhei a boca com um pouco de vermelho, como se nela um traço de

O Homem com o Cachimbo (*também conhecido por* Auto-retrato com a Orelha Cortada – *busto, três quartos para a direita, cabeça enfaixada, boné de pele e cachimbo*). *Arles, janeiro de 1889. 51 x45 cm (Chicago, coleção Block).*

sangue corresse. Acentuei bastante minhas pálpebras para que meus olhos sobressaíssem, franzi os sobrolhos numa interrogação. E eis-me aqui mais demônio do que nunca, espécie de ser sobrenatural, de incendiado lobisomem. Mas o demônio, o gênio que me habita, se me fez maldito entre os homens, permitiu que do fogo que me queima surgisse este meu mundo de imagens, do qual sou criador e mestre. Em meus retratos, interrogando minha imagem e minha alma, é meu ser artista e minha obra que interrogo.

Auto-retrato *(busto, três quartos para a esquerda). Saint-Rémy-de-Provence, setembro de 1889. 65x54 cm (Paris, Museu do Louvre, Galeria do Jeu de Paume).*

O CORPO E AS MULHERES

> *Gozar de uma bela coisa é, como
> o coito, o momento do infinito*[1].

Os trinta e cinco auto-retratos de van Gogh representam todos a parte superior de seu corpo, seu busto; todos eles se concentram nos traços de seu rosto, em seus olhos, particularmente. Ele não nos deixou nenhuma imagem sua de corpo inteiro.

Há, entretanto, em sua correspondência, uma referência constante à força física, à relação que ele estabelece sempre entre a disciplina corporal e a produção artística. Há também uma atitude, um comportamento peculiar em relação ao próprio corpo, comportamento de automutilação, de autopunição, que ocasionou os episódios mais célebres de sua biografia. A Théo, em 1888, assinala sua "natureza um pouco dupla de um monge e de um pintor". A idéia de monge evoca o ascetismo, o domínio do espíri-

---

1. Carta a Emile Bernard, Arles, fim de julho de 1888.

to sobre a matéria de que somos feitos – e para van Gogh isso significava suprimir toda dispersão de energia, que devia ser canalizada para um único fim: a pintura. Ele era fisicamente muito vigoroso: em 1890, ao conhecê-lo, sua cunhada – que o imaginava debilitado pela doença – fica surpreendida pela sua robustez. Mas van Gogh como que desconfia desse vigor, especialmente no que diz respeito à atividade sexual: há nele o sentimento de que sexualidade e obra rivalizam intimamente e lhe disputam a seiva vital.

Em 1888, a Emile Bernard – o amigo com quem se sente mais à vontade para comentar esses problemas – enuncia a relação amorosa que mantém com os objetos artísticos:

uma estátua grega, um camponês de Millet, um retrato de holandês, uma mulher nua de Courbet ou Degas, essas perfeições calmas e modeladas [...], uma coisa completa, uma perfeição, nos torna o infinito tangível; e gozar de uma bela coisa é, como o coito, o momento do infinito.

No trabalho, a disciplina do soldado é necessária, mas a arte exige mais ainda – ela pede que o pintor canalize todas as suas forças para a sua realização:

Por que você diz que Degas tem uma tesão frouxa ? Degas leva a vida de um escreventezinho de cartório e não gosta de mulheres, pois se gostasse e se fodesse muito, doente do cérebro, tornar-se-ia inepto em pintura.

A pintura de Degas é viril e impessoal, justamente porque ele se sujeitou, do ponto de vista pessoal, a só se comportar como um escreventezinho. Ele olha animais humanos mais fortes do que ele ficar com tesão e foder, e os pinta bem, justamente porque não tem tanto assim a pretensão da tesão. Rubens? Esse sim! era bonitão e bom fodedor, Courbet também. A saúde deles lhes permitia beber, comer, foder... Quanto a você, meu pobre e caro companheiro

Bernard, já fiz a predição na primavera: coma bem, faça direito o seu serviço militar, vá com calma na foda, sua pintura, se você for com calma na foda, só poderá ser do caralho.

Ah! Balzac, esse grande e poderoso artista bem que nos disse que, para os artistas modernos, a castidade relativa fortifica. Os pintores holandeses eram gente casada, fazendo filhos, belo, lindo ofício, bem dentro da natureza.

[...] Se quisermos, nós, ter uma boa tesão na nossa obra, devemos algumas vezes nos resignar a foder pouco e, de acordo com o nosso temperamento, ser, no resto, soldados ou monges. Os holandeses, ainda uma vez, tinham hábitos e uma vida tranqüila, calma, regrada.

Delacroix – ah! esse aí! – "Eu", disse ele, "encontrei a pintura quando já não tinha mais nem dentes, nem fôlego!" e os que viram esse artista ilustre pintar diziam: "Quando Delacroix pinta, é como um leão que abocanha e devora".

Ele fodia pouco e só praticava os "amores fáceis" para não roubar o tempo consagrado à sua obra.

[...] Pessoalmente, a continência me faz bastante bem; já basta, para nossos fracos miolos impressionáveis de artista, dar a essência deles à criação de nossos quadros. Pois refletindo, calculando, nos extenuando, gastamos atividade cerebral.

Vincent

P.S.: Cézanne é justamente um homem casado burguesamente, como os velhos holandeses; se o tesão dele é bom em suas obras, é que ele não é um "evaporado" demais pela farra...

A seiva e a obra. Na idéia de van Gogh sobre a relação direta entre o esgotamento sexual e o esforço artístico, na linguagem crua em que é vazada, há uma preocupação, que ele carrega cotidianamente consigo, pela realidade mais física, mais concreta de si mesmo: seu próprio corpo.

O esterco e a flor. A flor, Vincent a sabe luminosa. Quanto ao esterco – isto é, o corpo, capaz de engendrar organicamente uma obra, como se engendra um filho –, é obscuro e o inquieta. Na carta, ele estabelece apenas uma relação mecânica: quanto menos se dilapida energia no ato sexual, mais se ganha em faculdade de criação. Mas, além do que consegue formular, ele mantém uma relação difícil com o seu próprio corpo.

Podemos – e é o nosso propósito – evitar qualquer tipo de análise interpretativa da psicologia de van Gogh, análise psicanalítica ou outra. É impossível, no entanto, evitar, falando de van Gogh, a constatação de que ele continuamente submete seu corpo a duras provas, a sofrimentos, a torturas.

O tom da carta a Emile Bernard não deve nos enganar. Se van Gogh, no momento em que escreve, reduz suas atividades sexuais a algumas poucas visitas ao bordel de Arles; se, portanto, está aparentemente "economizando" suas energias, ao mesmo tempo arruína sua saúde mental e física com o álcool, deixando mesmo de comer para poder pagar a bebida. Os jejuns torturantes a que se expõe, os excessos alcoólicos fazem parte de uma atitude constante de provações físicas. Desde sua juventude, Vincent se expõe ao frio, ao cansaço de caminhadas longuíssimas. Quando, em 1879, no momento de sua crise mística mais violenta, ele assume as funções de evangelizador leigo e vai pregar na região belga do Borinage, região paupérrima de mineiros, espanta os operários não só por sua indigência, mas por sua indiferença ao inverno terrível, à fome.

"Estrutura sadomasoquista de sua nevrose psicótica", como quer Charles Mauron em seu notável *Van Gogh, études psychocritiques*, ou outra coisa qualquer. Pouco importa. O que sabemos é que ele expõe o corpo ao frio. Não lhe dá de comer. E que, nos momentos agudos de seus desesperos, é contra o corpo que se voltará: são os acontecimentos mais dramáticos e mais célebres de sua existência. São, essencialmente, dois episódios.

O primeiro é a história da mão queimada. Em 1881, com a violência, a paixão inteira e obsessiva que caracteriza sempre seus sentimentos, Vincent se enamora de uma prima, Kee Vos, viúva e moça, mãe de um garoto de quatro anos. Quer casar-se com ela, mas não tem emprego, vivendo na casa dos pais e na dependência dos seus. Além disso, nessa época, seu caráter estranho, habitado por movimentos vivos e extremos, já o levara a uma certa marginalidade, provocando a desconfiança da família.

Ao seu pedido de casamento, vem a recusa, enfática: "nunca, não, de modo algum". Vincent corre até a casa da moça. Os pais dela dizem-na ausente. Compreendendo que a escondem dele – ou que ela própria se esconde – Vincent imagina um meio extraordinário para provar seu amor, para convencer a todos da força e da verdade de seus sentimentos:

> Coloquei então meus dedos na chama da lamparina e pedi: permitam-me vê-la enquanto puder agüentar minha mão nesta chama [...]. Mas assopraram a lamparina e declararam-me: "o senhor não a verá".

O segundo episódio é o da orelha cortada. Em 1888, instalado em Arles, van Gogh deseja ardentemente a chegada de Gauguin, que já possuía uma certa celebridade nos meios artísticos de vanguarda. Prepara o quarto de

Gauguin em sua casa e o espera como um amigo, mas também como o discípulo espera o mestre, como o caçula espera o irmão mais velho. A fraternidade, aliás, é estabelecida de antemão: Théo sustentará Gauguin como faz com seu próprio irmão, em troca de quadros que um dia, quem sabe, conseguirá vender. E Vincent sonha: será fácil, logo que seu amigo se instale em Arles, formar uma colônia de artistas, um núcleo de criação pictural, alguma coisa que seria o desenvolvimento da experiência já realizada por Gauguin em Pont-Aven, quando reunira em torno de si um grupo de discípulos.

Amigo, irmão, mestre, chefe carismático: as esperanças são muitas. E os temperamentos por demais diferentes. Van Gogh, além disso, é possessivo, ciumento. O cotidiano se torna impossível, a ruptura inevitável. Gauguin pensa em voltar para Paris, apesar das súplicas de Vincent. E, nas vésperas de Natal, a crise explode.

Ambos estão bêbados com o absinto, e discutem violentamente. Van Gogh ameaça Gauguin. No dia seguinte, a tensão não diminui e Gauguin decide refugiar-se num hotel. Antes de sair, ouve passos. Volta-se e descobre van Gogh com uma navalha na mão e uma atitude de sonâmbulo. Ao perceber o olhar de Gauguin, Vincent se fecha em seu quarto, e lá corta o lobo de sua orelha esquerda. Depois de lavá-lo cuidadosamente, faz um pequeno embrulho e o leva como presente à prostituta de um bordel que freqüenta.

São estes os fatos. As interpretações psicológicas, as análises psicanalíticas, as hipóteses de masoquismo, complexo de castração, homossexualidade latente e recusada, e tantas outras, já foram propostas, muitas vezes com pertinência. Mas a complexidade do ser van Gogh e de sua obra ultrapassam muito o caso clínico. É irrisório querer "explicar" van Gogh e sua obra. Assim, contentemo-nos com a constatação desse corpo robusto mas desengonçado – a "carcaça", como ele próprio diz –, que pesa tanto, que tanto perturba, e que é torturado, sacrificado. O sacrifício último sendo, naturalmente, o suicídio.

A PAIXÃO

> *... morrer por morrer, prefiro
> morrer de paixão que de tédio*[1].

Além do sacrifício do corpo, há outro: o da felicidade, que van Gogh concebia como a construção de um lar, com casamento e filhos, que ele chamava, repetidamente, de "a verdadeira vida".

Muito cedo, sabe – ou intui – que a "verdadeira vida" não é feita para ele. Está marcado pelo destino, condenado a realizar grandes coisas e a não ser feliz. De Londres, antes que a sua vocação pictural despertasse, enviou a Théo uma citação de Renan, numa carta datada de 8 de maio de 1875:

Para agir no mundo é preciso morrer para si mesmo. O homem não está nessa terra somente para ser feliz, não está para ser simplesmente honesto. Está para realizar grandes coisas para a

---

1. Emile Zola, *Au Bonheur des Dames,* citado por van Gogh, carta a Théo de 1884.

sociedade, para atingir a nobreza e ultrapassar a vulgaridade onde se arrasta a existência de quase todos os indivíduos.

Nós sabemos que Vincent, pela pintura, atingirá esse ideal. Mas ele próprio, nessa época, não sabia que o caminho era esse, embora o princípio de uma meta mais alta estivesse presente em seu espírito. No começo, tudo se passa como se ele errasse continuamente de objetivo, como se as "grandes coisas", às quais ele consagra sua inteira paixão, se sucedessem numa série de ensaios e erros para, finalmente, encontrarem na pintura a adequação esperada.

O mesmo ardor que Vincent investiu mais tarde em seus quadros foi, de início, canalizado para outras atividades, todas elas exigentes, e às quais ele se entregou febrilmente, com o sentimento do exclusivo, do absoluto.

Em 1869, começara a trabalhar numa galeria de arte de Haia, fundada por um de seus tios e posteriormente comprada pela importante firma parisiense Goupil, que a transformara em filial. Vincent, excelente empregado, obtém em 1873 uma promoção e é transferido para Londres. Lá, apaixona-se por Ursula Loyer, filha da proprietária da casa em que mora, que recusa seu pedido de casamento rindo-se dele.

Amor impossível e violento. Van Gogh volta a Paris, e depois da paixão desesperada surge nele o sentimento religioso. Abandonando seu emprego, lança-se em sua primeira "grande missão". Retorna à Inglaterra, onde será pregador-assistente de um pastor dedicando-se aos pobres, ajudando-os, trazendo-lhes a palavra divina. Mas os resultados obtidos são medíocres: ele fala mal o inglês, e seus sermões, exaltados em demasia, assustam, inquietam, geram perturbações e desconfiança, ao invés de reconforto.

No final do ano de 1876, van Gogh se sente perdido, desamparado. Refugia-se no seio de sua família em Etten, e acaba se empregando numa livraria, em Dordrecht. O fervor religioso se exacerba e ele entrevê uma nova "missão": a de tornar-se um verdadeiro pastor protestante, como seu pai. Para isso é preciso que se forme intelectualmente, pois os exames são difíceis. Com um rabino de origem portuguesa, Mendes da Costa, estuda desesperadamente o grego e o latim. Esforços vãos: impossível fazer entrar em sua cabeça essas línguas mortas e, em julho de 1878, o resultado das provas é desastroso.

Apesar de tudo, ele não abandona o ideal. Há uma terceira "missão" possível: partir como pregador popular, ligado a um centro de evangelização prática. Vai para o Borinage, zona de minas de carvão na Bélgica.

O lugar é terrível. Salários baixíssimos, epidemias, acidentes de trabalho cotidianos. Vincent quer irmanar-se aos mineiros, no sofrimento, na condição miserável de vida. Desce até o fundo das minas, dá tudo o que possui, dorme no chão de uma cabana, passa as noites na cabeceira dos doentes abandonados pelos médicos.

Tudo isso surpreende os operários, que gostam dele, mas que não o levam muito a sério. Seus superiores sentem-se chocados, falam de "loucura mística", alertam a família e acabam por demiti-lo de suas funções. Seu pai vem buscá-lo e o encontra na miséria mais profunda, sem ter o que comer, dormindo na palha.

Logo depois deste período no Borinage ele se apaixona por sua prima Kee Vos – novo amor impossível, que o leva ao episódio da mão queimada, já narrado. E em seguida surge em seu espírito a quarta "grande missão": redimir uma prostituta que ele encontra grávida nas ruas de Haia. Durante vinte meses vive com sua "pequena família" como diz, auxiliado por seu irmão Théo que, desde 1880, lhe envia dinheiro regularmente. As relações com Sien, a prostituta, são dolorosas e ásperas. Embora mantenham um afeto mútuo sincero, Sien prefere fazer comércio de seu corpo a trabalhar duramente por salários de miséria: ela irá mesmo contaminar Vincent, passando-lhe uma blenorragia. Nessa época Vincent começara a desenhar seriamente, e Sien é o modelo da estupenda litografia *Sorrow*, o primeiro magnífico fulgurar de seu gênio.

Nessas "grandes missões" que se sucedem anteriores à sua vocação pictural, uma característica básica é o apostolado, mais do que o próprio sentimento religioso, cuja presença no espírito de Vincent surge de repente, para desaparecer definitivamente. Mais tarde ele será também um apóstolo consciente da pintura moderna, mas se apagará nele todo sentimento de religiosidade. Depois dessas grandes crises místicas, van Gogh será um espírito "positivo", impregnado pelo cientificismo, pelo naturalismo do fim do século passado. Será mesmo fortemente crítico em relação a pastores protestantes, e, em particular, a seu próprio pai. Mas por essa época ele já havia encontrado a pintura; sua "grande missão", a verdadeira vocação para a qual nascera.

Pintor sem o saber

> *Sobretudo perto da praia o mar*
> *era amarelo ocre, e uma faixa de*
> *luz atravessava o horizonte[1].*

Desde 1877, van Gogh desenhava, de vez em quando, sem pretensões. Nada de ambicioso, e, a bem dizer, nada de muito extraordinário. Mas, no Borinage, os esboços de alguns mineiros, o traço largo e palpável construindo as imagens de uma paisagem urbana triste e desolada, mostram que, indiscutivelmente, Vincent possui um grafismo particular, um estilo pessoal e interessante.

Quando é demitido de suas funções de evangelizador leigo, Vincent vai até Bruxelas pedir conselhos ao pastor Pietersen. O pastor se interessa pelas artes e até mesmo cultiva a pintura como passatempo. Vincent mostra a ele alguns desenhos. Pietersen, um pouco para ajudá-lo, e também porque os esboços lhe agradam, compra dois.

---

1. Carta a Théo, Ramsgate, 3 de maio de 1876.

Vincent voltará a pregar por conta própria, durante alguns meses no Borinage. Mas a consulta a Pietersen é um divisor de águas. Daí para frente, aos poucos, a pintura vai tomá-lo inteiramente.

Seguir a trajetória de van Gogh é confrontar-se freqüentemente com o extraordinário e o inexplicável. Antes de 1879, nenhum dom particular revelava o pintor em van Gogh; os desenhos do Borinage são muito insuficientes para justificar uma reviravolta tão radical em sua vocação. Como já foi visto, Vincent possuía um tio *marchand,* e de 1869 a 1876, isto é, dos dezesseis aos 23 anos, trabalhara no comércio de quadros, e não deixara de se interessar por museus e galerias. Mas uma coisa é vender quadros, freqüentar exposições, outra é ser pintor. E van Gogh, obcecado pela vocação religiosa, pelos projetos de evangelização, pelos amores infelizes, não tem a menor suspeita, até 1879, de que a pintura será o fator absoluto e essencial de sua vida.

Entretanto, mesmo antes de pintar, de desenhar, mesmo nesses primeiros dez anos de sua vida adulta, quando a idéia de consagrar-se à pintura não lhe aflora sequer à mente, mesmo sem saber, ele já é pintor.

Isto se traduz nas cartas desse período. Nelas, Vincent se mostra sensível ao aspecto visual do mundo, às paisagens, às cores, e suas descrições evocam irresistivelmente os quadros que ele – embora não saiba ainda – pintará mais tarde. Significativamente, à medida que se torna pintor, as descrições vão desaparecendo das cartas, como se a razão essencial delas fosse manifestar seu ser pictural no momento em que ainda não pegava nos pincéis:

O tempo estava mais claro, tudo estava bonito, sobretudo o Meuse; e também a perspectiva das dunas que, vistas do mar, luziam, inteiramente brancas, ao sol. A última coisa que pudemos ver da Holanda foi uma torre cinza, uma pequena torre.

Na manhã seguinte, no trem de Harwich a Londres, foi lindo ver a aurora surgir, os campos negros, os prados verdes com carneiros e seus filhotes e, aqui e ali, uma cerca de espinheiros, alguns grandes carvalhos com troncos cinza e galhos negros. Na manhãzinha, o céu estava azul, com algumas estrelas ainda, e reinando sobre tudo, no horizonte, uma larga faixa de nuvens cinza.

O Sol se levantava quando chegamos perto da última estação antes de Londres. O bloco de nuvens tinha se dissipado; o Sol tomara-lhe o lugar, tão simples, tão grande quanto se possa imaginar, verdadeiro Sol de Páscoa. O capim parecia coberto de geada noturna, branca, e de orvalho.

Sábado à tarde fiquei no tombadilho até que o Sol se pusesse. Tão longe quanto a vista alcançava, a água era de um azul escuro, franco, com aqui e ali altas vagas de cristas brancas.

O céu era de um azul pálido, liso, sem a menor nuvenzinha.

O Sol se pôs, um último raio fez cintilar a água[2].

Outras evocações fortemente visuais e coloridas do mundo são freqüentíssimas em todo o período pré-pictural de van Gogh, e seria possível multiplicar à vontade os exemplos do mesmo tipo. Examinemos apenas mais alguns, excepcionais.

Um deles não é da autoria de Vincent. Trata-se de um poema holandês de Jan van Beers, que o impressionara muito: ele o leva consigo em sua primeira estada em Londres, de 1873, o envia a seu irmão, a amigos. Se o texto o atrai tanto, é certamente pelas suas características visuais.

---

2. Carta a seus pais, Ramsgate, 17 de abril de 1876.

No poema, o narrador é um pintor que observa a paisagem na tarde:

Tão feliz, o campo se banhava no ouro solar ao cair do dia.
Diante dele se esparramava a aldeia, encosta norte, encosta sul –
Duas ancas: entre elas, o sol vermelho escuro, afundando no oeste,
Derramava todos os tesouros de suas cores, todo o encanto de seus raios.
O pequeno sino, na torre cinza envolvida pelo sombrio verde da hera,
Calara-se. Lá no alto, o moinho fechara suas asas marrons.
Imóveis quedavam-se as folhas. Das chaminés subiam
Sobre os casebres nuvenzinhas de fumaça azul, fogo de turfa, tão retas no ar
Que pareciam suspensas no céu resplandecente.
Ouros e púrpuras tinham se derretido no poente
Que agora era cor de cinza e de pérola,
Enquanto no oriente, perto da igrejinha
Vapores cor de cobre aureolavam o disco redondo da lua.

Pôr-do-sol metalizado sobre uma paisagem de colinas, fumaça que se cristaliza, lua que reverbera reflexos de cobre – estamos em cheio, premonitoriamente, no universo pictural que van Gogh criará bem mais tarde, depois de sua chegada na França em 1886.

No poema, o narrador é um pintor que passeia, cajado na mão. O viandante, nessa época em que o próprio Vincent abandona sua família para iniciar uma peregrinação que não mais terminará, é um personagem que o fascina. Ele cita várias vezes uma quadrinha de Cristina Rossetti, esposa do pintor pré-rafaelita Dante Gabriele Rossetti, morta na flor da idade:

– Então, o caminho sobe sempre?
– Sim, até o termo subirá.
– A viagem dura até a tarde?
– Do alvorecer à noite, meu amigo.

A quadrinha será reutilizada num sermão que ele profere em lsleworth, em 1876, cuja cópia envia a Théo, o último texto que selecionei:

Nossa vida é uma peregrinação, uma marcha de peregrinos. Vi um dia um belo quadro. Representava uma paisagem no fim da tarde. Ao longe, à direita, uma cadeia de colinas, azul na bruma da tarde. Sobre as encostas, o esplendor do poente, nuvens cinza debruadas de prata, de ouro e de púrpura. [...] uma estrada leva a uma montanha alta, muito longe, e no alto da montanha descobre-se uma cidade que o poente ilumina gloriosamente. Na estrada vai um peregrino, com seu cajado na mão. Faz tempo que ele anda, e está muito cansado. E eis que encontra um personagem, uma mulher vestida de negro, que faz pensar nas palavras de São Paulo: "Triste, mas sempre na alegria". Esse anjo de Deus foi colocado lá para encorajar o peregrino, para responder às suas questões. E o peregrino lhe pergunta: "A estrada então sobe sem trégua?" E a resposta é: "Sim, ela sobe sem trégua, até o fim!" E ele pergunta ainda: "A viagem leva um dia inteiro?" E a resposta é: "Do alvorecer ao anoitecer, meu amigo!"

Estes textos mostram três constantes essenciais. Primeiro, a descrição pictural, cromática, da paisagem, com cores suntuosas, esmaltadas, ricas de reflexos, e que evocam irresistivelmente o seu período provençal. Segundo, a preferência pelos momentos de transição da luz, pela aurora ou pelo crepúsculo, que invadem o mundo, permitindo justamente a festa das cores. Notemos de passagem que na pintura de van Gogh a luz, o céu, o efêmero possuem uma realidade tão corpórea quanto os objetos mais físicos e estáveis – ao contrário dos impressionistas, a luz não *banha* as coisas, mas ela está presente enquanto *cor*. Daí esse amor de van Gogh pelo nascer e pôr-do-sol, quando a luminosidade se transforma num luxo de rosas, vermelhos, ocres, ouros, azuis... Mas não convém imaginar que Vincent encontrou logo, imediatamente, tais cores na sua paleta. O sentido premonitório desses textos é ainda mais notável na medida em que evoca a pintura de sua *última* fase, quando seu gênio colorista se manifesta plenamente. Antes disso, como veremos, ele passou por um período de pintura escura, "suja". É como se esses textos revelassem a existência virtual, no fundo dele mesmo, de um tesouro colorido que só no fim emergeria em seus quadros.

Enfim, terceira constante: o viajante, o peregrino – o próprio Vincent que descobre novos panoramas viajando para a Inglaterra; o pintor do poema de van Beers; o místico do sermão. O viandante está sempre lá, e ele vai reaparecer em alguns de seus quadros.

Há em particular uma de suas telas que reúne claramente essas três constantes: é mesmo de espantar que ninguém tenha assinalado, ao meu conhecimento, a associação entre esses textos e o quadro. Trata-se de *O Passeio ao Anoitecer*.

Em 1889, internado na casa de repouso de Saint-Paul-de-Mausole, em Saint-Rémy-de-Provence, Vincent tem a permissão de sair para pintar, acompanhado de um vigia. Diante de si, a paisagem mineralizada, estranha e magnífica, da serra das Alpilles, conjunto árido de calcário cinza, banhado pelo azul luminoso, inigualável, do céu

Passeio ao Anoitecer (*casal passeando em meio a oliveiras, ao crepúsculo*). *Saint-Rémy-de-Provence, outubro de 1889. 49,5x45,5 cm (São Paulo, Museu de Arte).*

provençal. É nesse momento que pinta O *Passeio ao Anoitecer*, quadro que se encontra hoje no Museu de Arte de São Paulo.

Em 1889, isto é, treze anos depois do sermão, quinze depois de ter enviado a Théo e a seus amigos o poema de van Beers. Pode ser que Vincent tenha mesmo se esquecido deles.

Examinemos, no entanto, o quadro. Estamos no crepúsculo. A crista das montanhas isola o céu no terço superior; as encostas são azuis, de intensidades diferentes, onde domina o mais escuro, azul de pedra preciosa, de bela safira, dispostos em pinceladas oblíquas e paralelas. No céu, o mesmo ritmo inclinado se prolonga, traduzindo o pôr-do-sol num amarelo ocre, como uma resposta incendiada às colinas mais sombrias. Mais ao alto os tons são perpendiculares ao horizonte: uma cor esfumaçada primeiro, um azul aquático, profundo, enfim. No lado direito, perto do centro, o crescente se aureola de pinceladas concêntricas, acobreadas. Unindo a terra ao céu, ciprestes verdes, aguçados, deixam-se embrasar também pelo pôr-do-sol.

Abaixo, dois declives se imbricam, o mais próximo, vasto, desce da esquerda para a direita. São superfícies abstratas, sem profundidade, de tons cinza, levemente azuladas, "travadas", por assim dizer, por pinceladas verticais e horizontais, que formam uma trama discreta, mas perceptível, e criam um fundo ao mesmo tempo nítido, tenso e sólido. Isto é necessário, pois sobre ele Vincent vai colocar oliveiras, concebidas como turbilhões verdes circulares, acentuados por traços periféricos mais escuros. Assim, não há confusão visual e o ritmo vibrante das árvores que giram se imprime em toda sua força.

Como sempre, sua composição é perfeita, estruturada, organizada, pensada. Mas a natureza que nela é vazada nunca é estática, porque os elementos coloridos que a constituem são feitos de toques direcionais do pincel que guardam uma textura rítmica intrínseca. E a concepção do quadro desenvolve um prodígio de associações de ritmos diferentes – circulares, oblíquos, verticais – que possuem força tão intensa porque são determinados em registros claros, num conjunto seguro.

E no interior desse mundo ordenado e fremente, em meio às cores magníficas, no eixo vertical do quadro, envolvidos pelas oliveiras que giram sobre si mesmas, no primeiríssimo plano, um casal passeia: viandantes, peregrinos. O vestido dela é amarelo como o pôr-do-sol, a roupa dele é azul como as sombras das montanhas. Eles trazem, em meio ao verde e cinza das oliveiras, as cores lá do alto. Com um gesto (que é próximo ao da *Ressurreição de Lázaro* de Rembrandt, que fascina Vincent e que ele copia nessa mesma época, dando a Lázaro os seus próprios traços) a mulher nos faz um aceno. Nenhum dos dois possui olhos, nariz, boca. Mas em volta do rosto vazio dele, o colar, a coroa ruiva dos cabelos e da barba de Vincent.

São muitas as ressurgências que vão do poema de van Beers ao sermão (enriquecido pela imagem da mulher e do viandante de Cristina Rossetti), e deles ao quadro. Os três documentos mantêm entre si relações que ultrapassam a simples coincidência.

A leitura das cartas de Vincent nos deixa esta impressão profunda: o seu *ser* pintor está lá, latente, desde o início, e ele aparecerá com força irreprimível, absolutamente dominador, acima de todos os outros elementos constituintes do *homem* van Gogh.

O APRENDIZADO

Mas, como é difícil dar vida,
movimento a tudo isso...[1]

Em 1879 emerge, definitivamente, desesperadamen-te, o ser pintor até então ocultado por falsas vocações, que passará a habitar Vincent por inteiro.

No início, van Gogh consagra-se ao desenho: sua ambição é tornar-se ilustrador de um dos periódicos de seu tempo. Só mais tarde é que a idéia de pintar, propria-mente dita, instalar-se-á em seu espírito.

Não era homem de escolas. Sua visão original, sua independência, sua concepção particular da arte opu-nham-no ao ensino professado nas escolas de pintura, nas academias de Belas-Artes. No momento de sua breve passagem pela escola de Belas-Artes de Antuérpia – du-rante dois meses, janeiro e fevereiro de 1886, que lhe parecem insuportáveis – escreve a Théo:

1. Carta a Théo, Haia, 1882.

Você precisava ver até que ponto o resultado desse sistema (de ensino) é ignóbil [...] não se poderia aprender nada de novo na Academia.

e, numa outra carta a seu irmão, promete retrucar, se o professor o corrigir:

Consinto em fazer mecanicamente tudo o que o senhor disser para fazer, porque faço questão de dar ao senhor o que, rigorosamente, lhe pertence, se o senhor exigir, mas no que diz respeito a me mecanizar, como o senhor mecanizou os outros, isso, lhe asseguro, o senhor não conseguirá de jeito nenhum.

Não é de se admirar que com uma tal atitude ele só tenha passado pouquíssimo tempo na escola de Belas-Artes. E, em Paris, seus "estudos" – rápidos – no ateliê de Cormon, pintor oficial da época, só lhe trarão a ocasião de conhecer e de se tornar amigo de Toulouse-Lautrec e de Emile Bernard.

Se Vincent não é, como já disse, homem de escola, sua pintura nada possui, entretanto, da espontaneidade sem controle: na história da arte, raros são os quadros melhor construídos do que os seus – seu domínio da técnica pictural nada deve aos dos grandes mestres.

Evidentemente, tal maestria não vem sem mais nem menos. Se van Gogh não aprendeu a pintar nas escolas, aprendeu a pintar de outra forma. Aliás, ele pôde repudiar as Belas-Artes de Antuérpia e o ensino de Cormon porque nesse momento já era senhor de uma técnica pictural sólida e considerável. É ela que lhe permite a crítica do ensino acadêmico.

A aquisição desses meios técnicos pessoais foi feita de uma maneira autodidata, indiscutivelmente. Mas sinto um certo constrangimento em empregar essa palavra, porque a ela estão associadas a idéia de ensaio e erro, de caminhos hesitantes, de uma progressão malfeita, de etapas que são encetadas mais cedo ou mais tarde do que deveriam – e que todas essas irregularidades próprias à formação dos autodidatas estão perfeitamente ausentes no caso de van Gogh. Novamente, algo de prodigioso se manifesta: Vincent trabalha sozinho, mas como que guiado firmemente pela intuição de um método sem falha. Etapa por etapa, ele vence as dificuldades: primeiro o desenho da figura humana, dos objetos isolados; depois os conjuntos, e o espaço, a perspectiva; enfim as cores. Nenhum passo é dado sem que o terreno anterior esteja perfeitamente firme, sem que a dificuldade precedente esteja perfeitamente dominada.

O INÍCIO

Há leis de proporção, de luz, de sombra e de perspectiva que é preciso conhecer para desenhar um motivo; se essa ciência nos falta, arriscamos travar eternamente uma luta estéril *e não conseguiremos nunca* criar[1].

Vincent inicia seu aprendizado solitariamente. Pede a Théo as séries de gravuras de Millet – pintor que é um de seus ídolos –, *As Horas do Dia* e *O Trabalho dos Campos,* para poder copiá-las. Entre elas, está o *Semeador,* figura que subsistirá como um tema constante durante toda sua vida.

Pede também os *Exercícios com Carvão* e o *Curso de Desenho,* manuais de um certo Bargue. E assim, sem professor, com manuais modestos, que começa a formação de um dos maiores pintores de todos os tempos.

1. Carta a Théo, Bruxelas, 1º de novembro de 1880.

No início, é o domínio do corpo humano que lhe interessa: trabalha as formas do esqueleto, a partir de outro manual – *Os Esboços Anatômicos para Uso dos Artistas,* de John –, parte por parte. Em seguida, os músculos. Depois o corpo todo, de costas, de frente: ele quer formar, como diz a Théo, "um pequeno capital de conhecimentos anatômicos". Entra em contacto com van Rappard, jovem pintor mundano:

Visitei o Sr. van Rappard [...]. Tagarelei um pouco com ele. Tem boa aparência. O que vi de seu trabalho foi apenas alguns pequenos desenhos a bico de pena. Só que ele está instalado muito suntuosamente, e me pergunto se ele é realmente o homem com quem poderia coabitar, tendo em vista nossas respectivas situações financeiras. Em todo caso, voltarei a vê-lo um desses dias. Deu-me a impressão de tomar isto a sério[2].

"Isto" é o pedido de orientações feito por Vincent. Van Rappard se afeiçoara sinceramente a ele, e durante cinco anos essa amizade vai durar, tempestuosa. Até o momento em que van Rappard critica a primeira obra ambiciosa de Vincent, *Os Comedores de Batatas* – crítica, à qual Vincent responde com uma carta de ruptura violenta.

É interessante notarmos que além das indicações picturais mais ou menos proveitosas de van Rappard, ele provocou em Vincent as primeiras reflexões sobre a necessidade de se radicalizar em arte:

É certo que Rappard pintou alguns estudos excelentes, entre outros, dois ou três a partir de modelos de academia, de uma exe-

2. Idem.

cução rigorosa. Um pouco mais de confiança em si e um pouco mais de ousadia não o prejudicariam. Alguém me disse um dia: devemos fazer esforços de perdidos, de desesperados. Eis o que ele ainda não fez.

A carta endereçada a Théo, de Bruxelas, data de dois de abril de 1881: Vincent mal começara seus estudos de desenho, enquanto van Rappard já é senhor de uma completa maestria técnica. Mas o radical van Gogh pôde já impor suas exigências decisivas em face do amável, do elegante, do encantador van Rappard. O que mostra, entre outras coisas, que a associação "encanto" e "radical" não tem, realmente, nem pé nem cabeça.

Em 1881, ele entra em contacto com Anton Mauve, um primo seu e também um dos principais pintores da escola de Haia (escola que produziu uma pintura muito rica e cuja descoberta internacional é recente), que lhe dá conselhos. Muitos dos personagens de van Gogh, desenhados por essa época, lembram os de Mauve. Mas, como sempre, seus sentimentos são desmedidos, e, alguns meses depois, rompe com o primo – por quem, no entanto, guarda funda afeição: em 1888, ao saber da morte dele, pinta o luminoso *A Árvore Florida,* escrevendo no canto esquerdo: "Souvenir de Mauve / Vincent" (hoje no museu Kröler-Müller de Otterlo).

Aos poucos, suas técnicas se enriquecem – aquarelas, litografias – e os assuntos também: marinhas, paisagens. Os personagens já não são mais isolados, mas articulam-se no espaço, em conjuntos. Em 1882 começam a aparecer as primeiras tentativas a óleo, de tom sombrio. E como o problema é então a figuração do espaço, van Gogh encomenda a seu irmão um aparelho inspirado num modelo de Dürer, que ele desenha cuidadosamente: um retângulo de madeira que serve de suporte para uma trama de fios, fornecendo "pontos de referência para traçar, com mão firme, um desenho acusando as grandes linhas e as proporções". Vem assim, aos poucos, o aprendizado da figuração do espaço, que só se afirma totalmente, em 1884, com a série dos *Tecelões*.

Porém, se os *Tecelões* deram a van Gogh o domínio da representação espacial, eles são mais do que simples exercícios: são altíssima pintura. Van Gogh envia um desenho desta série a van Rappard, e é assim que ele o comenta, numa carta sem data de 1883:

No que concerne ao tear, é um estudo da máquina feito *in loco*, do primeiro ao último traço. Foi árduo, pois tive de me instalar perto demais do engenho, e me era muito difícil avaliar as proporções. Entretanto, se introduzi a silhueta do tecelão, foi simplesmente para dizer isto: veja como essa massa negra de carvalho sujo, com todas essas ripas, se destaca do tom cinzento que a envolve; e coloque bem na cabeça que existe aí, nesse ambiente, um macaco preto, ou um gnomo, ou um espectro, que faz estalar essas ripas da manhã até a noite. E designei o lugar onde o tecelão fica, colocando lá uma espécie de silhueta feita de alguns traços e algumas manchas, exatamente no lugar onde eu o via. Isto é, não me preocupei, nesse momento, com as proporções entre braços e pernas.

Quando, cuidadosamente, dei a última mão ao desenho, achei tão insuportável não ouvir estalar as ripas, que pus lá o espectro. Bom. Estou de acordo, é o desenho de uma máquina. Mas tenha a bondade de colocá-lo ao lado do desenho esquemático do tear. Estou seguro de que o meu tem mais a aparência de um desenho "assombrado". Fora disso, é só o desenho de uma máquina, com um não sei o que a mais.

Se meu estudo fosse colocado ao lado de um desenho feito por um mecânico, que tivesse realizado o esquema de um tear, o meu exprimiria melhor o fato de que essa máquina de carvalho foi sujada por mãos suarentas, e, olhando-a, você pensaria por vezes no operário (mesmo se eu não o houvesse desenhado, ou se o desenhei sem me preocupar com as proporções), enquanto que essa idéia não lhe viria se você visse o esquema de um tear desenhado por um mecânico. Esse amontoado de ripas deve, de vez em quando, soltar uma espécie de suspiro ou de queixa.

Assim, o domínio da técnica se acompanha de uma relação complexa com os objetos representados, aos quais é incorporada uma violenta carga emocional. É admirável como van Gogh sabe (saber que não implica consciência) dirigir os meios que possui para exprimir os problemas que lhe interessam. Neste período holandês, é a condição dura dos operários, a miséria dos trabalhadores – temas presentes no realismo de então, em Daumier, Millet e na escola de Haia – que ele explora de modo pessoal, muito além da imitação. Van Gogh não desenvolveu ainda suas capacidades de colorista, e é justamente essa ausência da maestria cromática, essas cores feias, sujas, escuras, que lhe permitem figurar, com violência, o mundo dos oprimidos.

Agora que sabe dominar o espaço e nele articular os personagens, realiza sua primeira obra ambiciosa: os *Comedores de Batatas*, de 1885, um grupo em volta de uma mesa; gente pobre, de pele burinada, de mãos nodosas, de rostos marcados como máscaras, estranhas e grosseiras, no lusco-fusco de uma lamparina que faz brilhar, como pepitas, o prato de batatas.

O trabalho de Vincent é progressivo, sistemático. Retoma várias vezes cada personagem no seu movimento, cada gesto, mão, rosto, antes de reuni-los num espaço complexo, que também foi insistentemente estudado. A paleta sombria se adapta perfeitamente ao seu desenho enérgico, ao modelar contrastado da luz e da sombra: magnífico quadro de um período que é, com freqüência, desdenhado e mal conhecido; obra poderosa que enfeixa o término das pesquisas até então levadas pelo pintor, que encerra uma etapa, a primeira.

O Tear *(tecelão de face para a direita). Nuenen, maio de 1884. 70x85 cm (Otterloo, Rijksmuseum Kröller-Müller).*

A COR

*Já me aconteceu de ficar espantado por
não ser eu mais colorista do que sou,
porque meu temperamento me leva a sê-lo
– pouco importa, meu sentido das cores
não se tinha quase manifestado até agora
[...] Fiquei freqüentemente preocupado
porque não progredia no colorido, mas
retomei coragem. Veremos o que vai
acontecer. Compreenda que estou
impaciente por revê-lo, pois, se você
chegasse também à conclusão que uma
reviravolta está se produzindo, eu não teria
mais dúvidas de estar no bom caminho*[1].

Nesse ano de 1883, van Gogh pressente os seus dons de colorista. Está consciente de suas cores "magras", de seus limites, como explicita em outro trecho da carta acima.

Mas é só em 1885, no momento em que está pintando os *Comedores de Batatas,* que uma primeira desco-

1. Carta a Théo, Haia, 1883.

berta, muito importante, se dá: Delacroix. Descoberta teórica no começo: van Gogh cita longamente textos do grande colorista, e não cessa de fazer referência às teses de Delacroix sobre as cores. Depois dos *Comedores,* seu olhar se torna cada vez mais sensível às qualidades cromáticas: entusiasma-se pelos tons empregados por Delacroix nas sombras do Cristo da *Pietà* de St. Denis du St. Sacrément, uma ousada combinação de azul-da-Prússia e de amarelo-cromo puro; faz, para van Rappard, uma estupenda análise "colorista" de um quadro de Hals, e escreve a Théo, no fim de 1885, uma carta admirável em que expõe as razões da construção cromática de algumas naturezas-mortas que ele mesmo pintara.

Em dezembro de 1885 e nos dois primeiros meses de 86, está em Antuérpia, inscrito na escola de Belas-Artes. Para sua formação, no entanto, muito mais que as aulas, a cidade belga representa o contacto com outro imenso colorista – Rubens.

Desse modo, dos *Comedores de Batatas* até o momento de sua partida para Paris, o elemento que faltava para completar o conjunto de seus meios picturais – isto é, a cor – se desenvolve numa espécie de gestação que vai eclodir em solo francês:

Em Antuérpia, eu nem sequer sabia o que eram os impressionistas; agora eu os vi, e, se bem que não faça ainda parte do clube deles, admirei muito certos quadros: Degas, um nu; Claude Monet, uma paisagem.

escreve de Paris, em 1886, ao pintor inglês Leven, que conhecera na Bélgica. As experiências cromáticas dos impressionistas contribuem para que sua pintura se torne cada vez mais clara e luminosa, mas, imediatamente, ele sabe que os caminhos não são os mesmos:

> Desde que vi os impressionistas, asseguro-lhe que nem as cores do senhor, nem as minhas, no sentido em que vão, correspondem exatamente às cores deles. Entretanto, posso dizer que temos uma oportunidade – e das boas – para fazer amigos[2].

Com efeito, os dois anos passados em Paris permitiram a Vincent fazer novos conhecimentos e amizades – Emile Bernard, Pissarro, Toulouse-Lautrec, Signac, Seurat... e nada menos que duzentos quadros. A rapidez de van Gogh, e ao mesmo tempo o seu perfeito domínio pictural mostram que, de agora em diante, ele está de posse de todos os elementos necessários à sua obra. O grafismo vigoroso, o sentido do espaço, do volume, da composição – cuja estrutura é sempre nítida, clara, equilibrada, impecável –, a fantástica maestria no emprego das cores, a utilização da pincelada como elemento construtor, tudo isso estará sempre presente em cada quadro – seja ele atormentado ou sereno –, em cada paisagem, em cada retrato, em cada natureza-morta. Assim, ele adquiriu uma virtuosidade que lhe permite uma execução fulgurante das telas. Para sua irmã, numa carta datada de Arles, no verão de 1888, compara-se precisamente a um violinista ou a um pianista e diz que "num par de horas, deve ser possível pintar o campo de trigo, com o céu por cima, ao longe". E a Théo, formula lapidarmente:

2. Carta a Leven.

Não pense que eu estou alimentando artificialmente um estado febril, mas saiba que me encontro em pleno cálculo complicado, de onde resultam rapidamente, uma atrás da outra, telas feitas rápido, mas longamente calculadas de antemão. E olhe, quando disserem que elas foram feitas rápido demais, você poderá retorquir que elas foram olhadas rápido demais[3].

O resultado dessa fúria criadora – mas perfeitamente dominada – é uma extraordinária densidade de produção: são 879 telas conhecidas de Vincent, num período que vai de dezembro de 1881 a julho de 1890, ou seja, 110 telas em média por ano. Mas, na realidade, o ritmo de produção se acelera cada vez mais – em Anvers ele pinta praticamente um quadro por dia. As obras de Paris são, em sua maioria, festivamente coloridas. Mas, em meio às paisagens de Montmartre ou às margens do Sena, encontram-se algumas naturezas-mortas particulares e muito célebres: os girassóis, flores cortadas e secas, feitas de chamas crispadas sobre um fundo azul; e os sapatos, borzeguins usados, marcados, calçados de viandante, que alimentaram um debate filosófico no qual se envolviam Martin Heidegger, Meyer Schapiro e Jacques Derrida. Um elemento particular que van Gogh assimila, especialmente no que concerne à composição, é a influência das estampas japonesas. Ele as descobre em Paris, onde estavam muito na moda. Um de seus quadros desse período (que é também a primeira manifestação de violento contraste de cores) – a *Mulher no Café Tambourin,* de fevereiro de 1887, onde faz ressaltar o vermelho carregado da borda da mesa e do penacho do chapéu sobre

3. Carta a Théo, Arles, 1888.

88

um esplêndido verde "Delacroix" no fundo – traz, explicitamente, no canto direito da parede uma estampa japonesa reproduzida. Uma outra tela, uma das mais suntuosas dessa época – o *Père Tanguy,* que se encontra no museu Rodin em Paris – mostra o velho *marchand* sentado como uma espécie de bonzo, diante de seis magníficas estampas japonesas, fazendo parte, certamente, das que ele vendia em sua galeria. Isto já patenteia a atração exercida sobre Vincent por essa arte oriental, que vai lhe indicar os caminhos de uma composição mais ousada e livre, com enquadramentos pouco convencionais. Essas estampas são perfeitamente estruturadas, solidamente plantadas, sempre em tensão ou equilíbrio – o que convém à visão "construtora" de van Gogh.

Vincent não precisou esperar a estada no sul da França para que as cores despontassem em seus quadros. Mais importante do que a luz de Arles, era o seu sol interior. Um de seus últimos quadros parisienses – a *Italiana,* do Jeu de Paume em Paris – mostra até que ponto extremo chegou sua audácia. Feito essencialmente com amarelo-ouro, verde e vermelho; não tem espaço nem profundidade. Por detrás do modelo, uma superfície apenas, abstrata, trabalhada em "trama": breves pinceladas verticais e horizontais que lembram o traçado de uma esteira de palha. A cor desse fundo é um amarelo luminoso, um pouco contaminado pelo vermelho, o que produz um tom precioso de ouro velho. O dourado é mais denso perto da cabeça, fazendo-a sobressair. O vermelho emerge mais na parte inferior, respondendo aos tons da saia ampla.

Duas estruturas geométricas se opõem e reforçam o rigor do quadro: uma espécie de margem paralela ao bordo superior e ao direito da tela, faixas largas formadas de um ritmo alternado de traços verdes e vermelhos, e o espaldar da cadeira, um motivo em ângulo reto, também formado de um ritmo que alterna o claro e o escuro.

O personagem é monumentalmente instalado em suas roupas. A saia, o corpete, as mangas, todo o vestuário, em suma, é vasto e sólido. O grafismo colorido de van Gogh é investido de seu papel construtor. Na saia, os verdes e vermelhos se cruzam, vigorosamente, furiosamente quase, fortes, firmes. Os contornos se prolongam em pinceladas espessas, onde os tons de verde e vermelho, em intensidades diferentes, se sucedem.

Verdes e vermelhas também, as pinceladas justapostas recobrem as partes visíveis do corpo – mãos, braços, pescoço, rosto. E o mesmo vermelho, sem delicadeza, forma a borda oval dos olhos, de um verde quase negro, como dois buracos escuros.

O rosto e a máscara. A saia e o grafismo abstrato. O não-espaço, a composição geométrica, a estrutura cromática. Compreende-se que van Gogh se diga divergente do impressionismo. Ele sente a necessidade de se ancorar no sólido, no traço, no construído, muito ao contrário desse mundo diluído em vapores, em reflexos, de um Monet. E, na medida em que Vincent estrutura a partir de uma inteira liberdade cromática, necessita também do arbitrário das cores. Como para os construtores picturais da Renascença – mas de um modo que lhe é muito particular –, a pintura para ele é *cosa mentale* – e não o mundo observado através das metamorfoses efêmeras da atmosfera, essa "realidade" das impressões visuais que inspiraram Monet ou Renoir.

A Italiana *(Agostina Segatori). Paris, inverno de 1887/88. 81x60 cm (Paris, Museu do Louvre, Galeria do Jeu de Paume).*

As últimas etapas

> *... certas telas, que mesmo*
> *na derrocada, guardam*
> *sua calma...*[1]

Cosa mentale... Muito se falou sobre a "loucura" na pintura de van Gogh, e *cosa mentale* poderia ser, aí, coisa de demente. Van Gogh, o alucinado, pintando em furores descontrolados. Van Gogh, o drogado – ainda recentemente o sério *Journal of the American Medical Association* publicava no seu número 32 uma comunicação do dr. Thomas Courney Lee intitulada: "Van Gogh's Vision. Digitalis Intoxication?", na qual o médico defende a tese de que intoxicações de digitalina teriam influído na visão de van Gogh e, portanto, na realização de seus quadros. Desse ponto de vista, a magnífica *Noite Estrelada* de 1889 não seria a imagem da vibração colorida e espiritual dos seres, que Vincent expusera em suas car-

---

1. Vincent a Théo, última carta, Auvers-sur-Oise, julho de 1890.

tas, seria, nada mais, nada menos, do que o resultado de efeitos produzidos pela *digitalis purourea*. E o dr. Lee conclui: "A grandeza de Vincent van Gogh é imortal. Incita os críticos e os médicos a buscar explicações para suas estranhezas; é natural, pois ele mesmo não escreveu um dia: "Há alguma coisa em mim; o que será?"

Talvez a "digitalis", responde o dr. Lee.

Está claro que um texto como esse só nos pode fazer clamar por Artaud, por seu amor a van Gogh e por seu ódio desesperado da patetice científica de médicos do gênero. O dr. Lee dá a medida de até onde pode ir a vontade de "explicar" o gênio por intermédio de causas palpáveis. E ilustra o lugar-comum de que a pintura de van Gogh é obra de um louco – ou de um drogado.

Voltarei mais tarde ao problema da loucura de van Gogh. Por ora, lembro apenas os elementos propriamente *picturais* dos últimos períodos de sua vida: Arles, St.-Rémy-de-Provence, Auvers-sur-Oise. Veremos que mesmo nos momentos mais terríveis, mais atormentados, seus quadros nunca ficam fora de seu controle, e que ele mantém sempre, perfeitamente, o domínio de suas intenções, de sua técnica e de seu estilo.

Paris havia dado a Vincent o conjunto completo dos meios necessários ao seu trabalho de pintor, integrando nele o último elemento ausente: a cor. Em Paris, ele havia descoberto também as novidades trazidas pelas estampas japonesas ao tratamento do espaço e da composição, assim como as teorias óticas de Seurat – pontilhismo e contraste das complementares, que vão marcá-lo, mas que ele por assim dizer "digere", assimilando-as no seu modo de fazer personalíssimo.

ARLES

*Quanto mais fico feio, velho,
ruim, doente, pobre, mais quero
me vingar produzindo cor
brilhante, trabalhada, bem
esplendorosa. Os joalheiros
também ficam velhos e feios antes
de saberem engastar as pedras[1].*

Chegando em Arles, ele possui portanto uma bagagem técnica e estilística que, em sua essência, não mudará até o final de sua produção. É certo que nesse percurso existem variações – mas não haverá mais mudanças radicais. É verdade que cada mudança, cada contacto novo com uma nova paisagem determinará um diálogo entre sua paleta e o mundo que descobre. Desse diálogo resultarão renovações picturais, mas que permanecerão sempre dentro dessa mesma técnica e desse mesmo estilo.

1. Carta à sua irmã Wilhelmina, Arles, setembro de 1888.

Vincent chega em Arles no inverno de 1888. Logo será a primavera – e com ela virão as *Árvores em Flor,* quadros luminosos, ricos de matéria pictural, próximos das composições japonesas (entre os quais o *Souvenir de Mauve,* ao qual já me referi). Cheias de seiva fecunda, essas florações são como o anúncio do esplêndido desabrochar da sua arte.

Arles significa também a exploração de uma paisagem desconhecida, que Vincent exprime do modo mais suave e sereno. A luminosidade cristalina da Provença beneficia seu sentido fundamental da estrutura:

Na nossa terra (Holanda) só se vê no horizonte uma vaga linha cinza; aqui, a linha é nítida até bem longe, e a forma, reconhecível. O que dá uma idéia de espaço e de céu", escreve ele à sua irmã Wilhelmina em pleno verão provençal[2].

A limpidez da atmosfera que faz surgir os objetos com tamanha clareza vai provocar o nascimento da admirável série da *Ponte de Langlois* – quatro desenhos e quatro pinturas de uma estrutura aérea e leve, com alguma coisa de japonês no próprio motivo da ponte de madeira, e com magníficas sombras azuis, reverberações frescas e diáfanas da água e do céu.

A centena de paisagens pintadas por Vincent nesse período arlesiano possui uma imensa serenidade. São, segundo as estações, campos de flores, plantações de alfazema, jardins na primavera; pomares exuberantes, trigais amarelos no verão. Em sua grande maioria, esses

2. Julho de 1888.

quadros representam um vasto campo aberto no primeiro plano, animados por soluções cromáticas e ritmos diversos, limitado no horizonte por um perfil saliente: assim a cidade de Arles no fundo, entre as árvores, no quadro intitulado *Vista de Arles com Íris no Primeiro Plano,* do museu van Gogh de Amsterdã, ou a silhueta negra da mesma cidade diante de um campo de trigo, no *Pôr-do-Sol* do museu de Wintherthur, ou o contorno das Alpilles no *Chácaras* do museu van Gogh de Amsterdã, ou ainda a calma, silenciosa e monumental *Vista das Saintes-Maries,* do museu Kröller-Müller de Otterlo, com a alternância das plantações verdes e violetas (a alfazema) que, convergentes, levam o nosso olhar para as casas, volumes geométricos cujas faces são suportes coloridos – de onde emerge, dominando, a estranha igreja fortificada.

Da visita que faz à cidade de Saintes-Maries-de-la-Mer (Santas Marias do Mar), ele traz também marinhas: é o momento dos célebres barcos coloridos. Num deles pode-se ler o nome escrito: *Amitié* (amizade), palavra de sentido tão profundo para Vincent, para a sua desesperada busca de uma absoluta fraternidade.

E são os *Semeadores* ainda, que ele continua a pintar, retomando o tema de Millet; as *Colheitas de Trigo, os Montes de Feno* do tórrido verão provençal, que traduz em intensa gama de cores. É a época mais solar da arte de van Gogh, a apoteose de seus amarelos mais quentes – época dos vasos de girassóis, tão carregados de energia vital. Van Gogh parece entregar-se de corpo e alma ao Sol de Arles:

sinto-me melhor aqui do que no norte. Trabalho mesmo em pleno meio-dia, em pleno sol, sem sombra nenhuma, nos campos de trigo, e está aí: gozo disso como uma cigarra[3].

Seu olhar agudo e minucioso sobre as coisas – espécie de herança do "realismo" da pintura holandesa do século XVII – auxiliado pela luz perfeita da Provença, permite um equilíbrio sem falha entre o particular e o geral, como bem enunciou Jean Leymarie:

> Vincent pensa precisamente em Ruidaël e num discípulo então desconhecido de Rembrandt, Philips Kouik, que fazia imensos campos plainos. Um dos segredos de seu gênio nórdico é mostrar cada detalhe perceptível distintamente, no seio da vasta extensão que a luz, universal, penetra[4].

Mas no outono ele passa da embriaguez cósmica do Sol à meditação noturna. Entre outras, as duas pinturas mais célebres são *O Café, à Noite* (Museu Kröller-Müller de Otterlo) e *A Noite Estrelada* (primeira versão).

Num, aos amarelos da iluminação artificial do terraço do café, sobrepõe-se o azul noturno onde as estrelas como que explodem em pequenos halos brancos; noutro, a irradiação dos pontos luminosos celestes encima os reflexos dourados das luzes urbanas no azul profundo do Ródano.

Vincent continua fascinado pela arte das estampas japonesas e refere-se constantemente a elas em suas cartas. Faz pouco tempo, pude ver uma estampa de Hiroshige intitulada *Fogos de Artifício – Riogoku,* da série

3. Carta a Emile Bernard, junho de 1888.
4. *Qui était van Gogh,* p. 123.

A Noite Estrelada *(sobre o Ródano)*. Arles, setembro de 1888. 72,5x92 cm *(Paris, coleção particular)*.

100 Vistas de Edo (Museu Britânico). É muito provável que Vincent a conhecesse – Théo possuía uma excelente coleção, e o próprio Vincent copiara algumas vistas de Edo de Hiroshige como *A Ponte sob a Chuva,* do museu de Amsterdã. No que toca os *Fogos de Artifício,* há uma relação possível com a *Noite Estrelada* de Arles. Evidentemente não se trata de cópia ou de pasticho – mas os pontos comuns entre a estampa e o quadro são numerosos e importantes:

1. a composição, com a água no primeiro plano e um horizonte de terra firme que se alarga à esquerda; mas sobretudo,

2. a idéia de uma iluminação "celeste", feita de cores frias, e de outra, sobre as águas, feita de ouros carregados;

3. a representação dos pontos luminosos no céu. Em uma carta à sua irmã Wilhelmina[5], ele diz: "é evidente que para pintar um céu estrelado não é de forma alguma suficiente colocar pontos brancos sobre um fundo azul". Para evitar a representação banal, o que ele faz é colocar um núcleo central sobre uma espécie de irradiação cintilante: exatamente como Hiroshige faz para representar a explosão de seus fogos de artifício.

A metáfora de estrelas como fogos de artifício ultrapassa, dessa forma, a mera figura retórica. É o próprio Vincent quem o sugere:

Quero agora absolutamente pintar um céu estrelado. Freqüentemente me parece que a noite é ainda mais ricamente colorida que o dia, colorida de violetas, de azuis e os mais intensos verdes.

5. Arles, setembro de 1888.

Hiroshige. Fogos de Artifício – Riogoku, *da série* 100 Vistas de Edo. *33,8x21,8 cm (Londres, Museu Britânico).*

Quando você prestar atenção, verá que certas estrelas são cor de limão, outras têm brilho cor-de-rosa, verdes, azuis, miosótis[6].

É interessante percebermos como Vincent se nutre do japonismo, o transforma e o associa ao seu cromatismo ao mesmo tempo deslumbrante e poético.

Vincent encontra modelos para uma estupenda série de retratos – o zuavo, a maravilhosa "musmê", o velho camponês, Madame Ginoux, dona do Café de la Gare, vizinho à casa de van Gogh, que posa para ele e Gauguin em 1888. Dela, mais tarde, em St.-Rémy, van Gogh realizará ainda quatro retratos a partir do desenho de Gauguin; entre eles, um dos mais notáveis é a versão que se encontra no Museu de Arte de São Paulo.

Nessa produção abundante de retratos (por volta de quarenta), a metade é consagrada à família do carteiro Roulin, cuja amizade sincera por Vincent é correspondida com grande afeto. Nada de claros-escuros, de iluminação teatral: os personagens são nitidamente apresentados sob uma luz homogênea. As sombras são praticamente inexistentes e o poder das cores nunca é hesitante: o azul do uniforme do carteiro, o amarelo-limão do paletó de seu filho Armand, o espantoso emprego do verde e vermelho, em tensão contra o amarelo dominador do retrato de Augustine Roulin diante de sua janela. (O abrasado e admirável *Colegial* do Museu de Arte de São Paulo provavelmente faz parte dessa série: o garoto seria Camille Roulin, um dos filhos do carteiro. Os especialistas, entretanto, por causa de uma menção ambígua em uma carta

6. Idem.

de janeiro de 1890, colocam-no, por vezes, no período de St.-Rémy).

Van Gogh dispõe seus modelos muito próximos do espectador. O fundo é freqüentemente abstrato, pura cor que não distrai o nosso olhar e que aumenta a força dos elementos tratados de uma maneira concentrada. Essa economia de meios, que faz ressaltar o personagem tratado, permite um diálogo contínuo entre a tensão e o efeito plástico, um servindo ao outro, numa escalada em direção a um apogeu de intensidade e de síntese.

Enfim, Vincent dá-nos imagens comoventes do seu cotidiano: a "casa amarela", onde ele se instala, seu cachimbo sobre a cadeira de palha, a poltrona de Gauguin e o castiçal, seu quarto, sua mesa de trabalho com objetos. Perscruta sem cessar a aparência das coisas; essa aparência é exaltada, revista, revisitada, interrogada repetidamente e os objetos perdem sua banalidade e impõem-se, no dizer de Hofmannsthal, "pelo inacreditável milagre de sua existência violenta e poderosa".

Domingo último, às onze e meia da noite, o dito Vincent Vangogh (sic), pintor, originário da Holanda, se apresentou à casa de tolerância número 1, mandou chamar a dita Rachel e entregou-lhe... sua orelha, dizendo: "Guarde esse objeto preciosamente". Depois, desapareceu. Informada desse fato, que só podia ser obra de um pobre alienado, na manhã do dia seguinte a polícia foi à casa desse indivíduo e encontrou-o deitado em sua cama, não dando mais quase nenhum sinal de vida.

Esse infeliz foi admitido com urgência no hospício[7].

7. *Fórum Republicano*, jornal do município de Arles, 30 de dezembro de 1888, "Crônica Local".

Para Vincent, os últimos meses do período arlesiano são profundamente atormentados: conflito com Gauguin, crise que o leva a cortar a orelha na noite de Natal e à hospitalização até o dia sete de janeiro. Nova hospitalização em fevereiro por "alucinações e insônia" e no mês de março os arlesianos assinam uma petição exigindo seu internamento. É a polícia que o leva ao hospital, lacrando as portas de sua casa.

Sua pintura nesse período nos dá, no entanto, uma imagem constante de sólida estrutura, de calma, com freqüência de serenidade, e mesmo de alegria. Se Vincent nos deixou o retrato terrível com a orelha cortada, deixou também o *Jardim da Casa de Saúde de Arles,* que celebra o mês de abril com uma satisfação tranqüila de cores calorosas, um mundo risonho de limites definidos e protetores, de arcadas e canteiros centrados à volta de um tanquezinho redondo, azul, com peixes vermelhos. E ainda: *Pomares em Flor, Campo com Florezinhas Amarelas, Paisagem da Crau com Pessegueiros em Flor,* que contrastam com as dores da alma pelas quais passava.

SAINT-RÉMY

> *No fundo os terrenos áridos,*
> *depois os rochedos das Alpines.*
> *Um pedaço de céu azul-verde*
> *com nuvenzinha branca e*
> *violeta. No primeiro plano, um*
> *cardo e ervas secas*[1].

É Vincent que pede para ser internado no hospício de St.-Rémy, cidade ao norte das Alpilles – ou Alpines –, a alguns quilômetros de Arles. Um ano mais tarde, quando o pintor sai do hospital, o dr. Peyron, médico-chefe, anota:

Doente calmo na maior parte do tempo. Teve, durante sua estada, vários acessos que apresentaram uma duração de quinze dias a um mês; durante esses acessos o doente fica exposto a terrores aterradores (*terreurs terrificantes*); tentou várias vezes se envenenar, seja engolindo a tinta de que se servia para pintar, seja absorvendo querosene que surrupiara do empregado enquanto este

---

1. Carta a Théo, St.-Rémy, outubro de 1889.

enchia as lâmpadas [...]. No intervalo dos acessos, o doente é perfeitamente tranqüilo e lúcido e se entrega com ardor à pintura[2].

Van Gogh está agora num hospital isolado, em contacto com verdadeiros loucos, assustado, apavorado diante de suas próprias crises. Mas ele está também diante de uma paisagem perfeitamente excepcional.

O hospício fica a três quilômetros de St.-Rémy, instalado na antiga abadia românica de Saint-Paul-de-Mausole, notável particularmente por seu claustro ornado de belos capitéis esculpidos. Em frente da abadia, a uns trezentos metros, se encontram o mausoléu e o arco de triunfo – chamados "Les antiques" – dois célebres monumentos romanos do tempo do Imperador Augusto.

Van Gogh não se interessa por esses testemunhos do passado. Como em Arles, onde ele mal notara os tesouros da arte antiga e medieval que a cidade possui, o que o deixa fascinado agora é a paisagem e a natureza.

Arles se encontrava no centro de uma planície – que fornecera tantos primeiros planos profundos para seus quadros. Aqui, ao contrário, ele está diante de uma serra constituída por rochedos áridos, de um cinzento prateado, recortados pela luz implacável da Provença, escavados por sombras azuladas. Paisagem convulsionada e lunar, atraente e terrível.

---

2. Citado por Georges Charensol, na *Correspondência de van Gogh*, p. 138. Charensol comenta: "O doutor poderia acrescentar que, mal saído das crises, ele pintou algumas de suas obras-primas e – por mais espantoso que isso possa parecer – algumas das mais serenas".

Vincent divide o tempo entre sua paixão pela leitura (entre outros livros, mergulha nas obras completas de Shakespeare) e uma frenética atividade pictural, produzindo uma média de um quadro cada dois dias.

Esse período de St.-Rémy corresponde a um dos pontos mais altos de sua obra. Nele, há três grupos de quadros – pintura feita no hospício (cópias de suas próprias telas, ou de gravuras; vistas tomadas de sua janela; a enfermaria dos doentes; o jardim e a estradazinha em frente ao hospício (entre estes quadros está o comovente *Banco de Pedra* do Museu de Arte de São Paulo); e sobretudo, quando obtinha permissão para sair acompanhado por um vigia, a paisagem torturada dos rochedos entremeados de oliveiras e ciprestes, que correspondia perfeitamente aos movimentos angustiados de sua alma.

A festa colorida de Arles se atenua:

> Vincent renuncia às superfícies unidas de cromo e de cobalto, às cores do espectro, para adotar [...] uma harmonia quebrada, perturbada, posta em surdina pelos ocres e cinzas, que fazem sua aparição, de nuanças muito sutis e muito ricas[3].

Mas, como diz o mesmo autor, aqui, o brilho perdido da cor se converteu em energia gráfica. E é verdade: convulsos, em plásticas contorções, seus quadros não são desordenados, pois, se tudo gira em turbilhões, está agora mais presente do que nunca o contorno firme que modela, sinuoso, que não apenas limita, mas constrói.

Os vastos primeiros planos horizontais e profundos do tempo de Arles dão lugar a uma paisagem obstruída,

---

3. J. Leymarie, *Qui était van Gogh,* p. 158.

onde diagonais se cruzam, como em *O Passeio ao Anoitecer* do Museu de Arte de São Paulo. O ponto extremo dessa natureza, ao mesmo tempo desencadeada e dominada, se encontra no *Ravina (os Peyroulets),* do museu Kröller-Müller de Otterlo, no qual um esquema de composição perfeitamente estável é torturado sem se corromper, onde a rocha é animada por pinceladas sinuosas que integram dois personagens e uma erupção de arbustos verdes, amarelos, vermelhos como chamas.

Os astros irradiam violentamente seus halos – muito mais do que no período artesiano – e habitam um céu agitado por correntezas em espirais. A melhor das comparações estilísticas é examinar, lado a lado, *A Noite Estrelada* de Arles e a de St.-Rémy, realizada no mês de junho (Nova York, Museum of Modern Art).

Esqueçamos as interpretações simbólicas, místicas ou religiosas que já foram feitas desse quadro, e descubramos a passagem de uma noite ardente, arfante mas imóvel, para uma outra, dinâmica, tomada de movimentos inesperados, reveladora de uma alma cósmica, jubilante e feérica.

A Noite Estrelada *(ciprestes e aldeia). Saint-Rémy-de-Provence, junho de 1889. 95x73 cm (Nova York, Moma).*

AUVERS-SUR-OISE

> *Mas nos últimos tempos eu*
> *pegava mais a doença dos outros,*
> *ao invés de curar a minha. A*
> *convivência com os outros*
> *doentes era uma influência má,*
> *e, no fim, eu não entendia mais*
> *nada. Então, senti que era*
> *melhor tentar uma mudança*[1].

Em setembro de 1889, *A Noite Estrelada* (de St.-Rémy) e *Íris* são expostos no Salão dos Artistas Independentes de Paris; em novembro, vai a *Vinha Vermelha* para a exposição "Os xx" de Bruxelas, com cinco outras obras. Isso não impede, nos últimos dias de dezembro, uma crise violenta que dura uma semana, quando Vincent tenta engolir tintas. Ela corresponde ao nascimento de seu sobrinho – no dia 31 de dezembro –, que recebe seu próprio nome.

---

1. Carta aos Ginoux, amigos de Arles, junho de 1890.

Em janeiro de 1890, um episódio célebre: Toulouse-Lautrec provoca em duelo o pintor Henry de Groux – hoje bem esquecido –, que ridicularizara a obra de van Gogh em público. E, nesse mesmo mês de janeiro, Albert Aurier escreve seu artigo entusiasta sobre Vincent no *Mercure de France*. É a única crítica em jornal que Vincent terá durante toda a sua vida. E, em fevereiro, a *Vinha Vermelha* é comprada: quatrocentos francos.

Vincent melhora, e suporta cada vez menos o hospício. Em Auvers-sur-Oise – perto de Paris, e, portanto, perto de seu irmão – mora um médico, especialista em doenças nervosas, um pouco excêntrico (Vincent dirá: "sua experiência de médico deve mantê-lo em equilíbrio, combatendo o mal nervoso, que parece atingi-lo tanto quanto a mim" – a Théo, 21 de maio de 1890), e que é, sobretudo, um esclarecido amador de pintura.

Em Auvers – cuja paisagem já atraíra, por volta de 1860, Daubigny, Daumier e Corot – o dr. Gachet, apaixonado pela nova vanguarda pictural, convidara Cézanne, Guillaumin, Pissarro. Ele fizera mesmo instalar uma prensa para gravuras em sua propriedade (na qual Vincent tirará uma água-forte). E, assim, Auvers parece reunir boas condições para a moradia de van Gogh, que necessitava com urgência respirar outros ares.

Ele chega no dia 21 de maio, depois de uma breve passagem por Paris, onde conhece pessoalmente sua cunhada (que esperava um doente e se espanta em ver um homem equilibrado e fisicamente mais robusto que seu próprio marido) e seu sobrinho, para quem pintara o primaveril *Galho de Amendoeira em Flor*. Instala-se no estabelecimento do casal Ravoux, barato mas acolhedor, onde se encontravam outros pintores – um cubano, Martinez, e um holandês, Hirshing, que trabalhavam num ateliê improvisado, nos fundos do restaurante.

A amizade com o dr. Gachet é extremada e, como não podia deixar de ser, cheia de altos e baixos. Vincent faz vários retratos do doutor, de sua filha tocando piano, e também de Adelina Ravoux, a filha do dono do hotel. Pinta a paisagem de Auvers: a cidade – casas, a prefeitura, a igreja; e o campo – caminhos, trigais.

Além desses quadros celebérrimos, Vincent pinta os trigais de Auvers, planícies vastas, de verdes tenros, frágeis, um pouco "lavados", batidos pelo vento, sob céus de tempestade. Desses trigais, o mais conhecido é o *Campo de Trigo com Corvos*, o mais dramático e violento. Campo de trigo maduro e dourado, desta vez:

São imensas extensões de trigo sob céus carregados e não fiz cerimônia para procurar exprimir a tristeza, a solidão extrema. Vocês vão ver isto dentro em breve – pois espero levá-los a Paris o mais rapidamente possível, pois acreditaria quase que estas telas dirão a vocês o que não sei dizer em palavras, o que vejo de sadio e fortificante no campo[2].

Dessas duas, a primeira frase é citada com freqüência; menos conhecida é a segunda. Elas parecem se contradizer. Entretanto, ficar apenas na "expressão da tristeza e solidão extremas" é ver o quadro pela metade. Pois se o céu atormentado, o bando de corvos, a estrada verde e vermelha que desventra o trigal amarelo são alucinantes e terríveis, a própria pujança da feitura, as pinceladas

2. Carta a Théo, sem data.

febris, o esplendor dourado do trigal não dão, de modo algum, a imagem de uma arte – ou de um mundo – que se estiola. Ao contrário, o aspecto ameaçador do quadro vem certamente dessa força telúrica que Vincent soube conservar.

A MORTE

> *Enfim, não me parece impossível*
> *que a cólera, as areias na urina,*
> *a tuberculose, o câncer sejam*
> *meios de locomoção celeste, assim*
> *como os navios a vapor, os ônibus*
> *e o trem de ferro são terrestres.*
> *Morrer tranqüilamente de velhice*
> *seria como ir ao céu a pé [1].*

A paisagem de Auvers é oposta à da Provença. Nenhuma dureza, nenhuma asperidade, nenhuma violência. Os olhos podem se repousar, serenamente, nas encostas de um verde calmo sob um céu suave.

O dr. Gachet morava numa casa imponente, no alto da aldeia, chamada "Le Castel". Com 62 anos, era um clínico geral que evitava tratamentos brutais, preferindo a homeopatia à alopatia. Dividia sua semana de trabalho entre Auvers e Paris e era considerado no vilarejo como

---

1. Carta a Théo, Arles, 1888.

um esquisitão. Sua cultura artística, anticonformista e arejada, lhe permite, muito cedo, a descoberta das qualidades da pintura impressionista. Ele próprio pinta e, sobretudo, grava.

É ele que se encarrega de tratar de van Gogh. Começa por recusar um diagnóstico radical – não se trata de um epilético, como queriam os médicos da Provença, mas de um homem do Norte que sofreu as conseqüências nefastas do sol provençal e de uma intoxicação malcuidada, causada pela terebentina. A melhor terapia é pintar e pintar.

Instalado no hotel-restaurante dos Ravoux, Vincent começa seus quadros.

No dia 8 de junho, Théo, sua mulher e filho vêm visitar Vincent. O domingo se passa na euforia, embora Théo pareça muito doente – ao contrário de Vincent, que dá a impressão de vender saúde.

Com o passar do tempo, as relações com o dr. Gachet tornam-se conflituais, complicadas. Vincent pinta cada vez mais rápido, e as telas desse período traduzem a pressa da execução. A cor se torna muito menos viva: os verdes são esbranquiçados, leitosos, tenros como broto novo, os amarelos perdem em intensidade. A estrutura de composição, entretanto, continua como um firme esteio: é ela que organiza as deformações plásticas da *Igreja de Auvers*, o mundo agitado mas vazio da *Prefeitura de Auvers*.

A situação financeira de Théo piora. No dia 30 de junho, Vincent recebe do irmão uma carta dolorosa: o bebê, gravemente enfermo, quase morreu; o casal está abaladíssimo e, ainda por cima, com problemas de dinheiro. Théo não é rico, e Vincent compreende –

tornou-se um peso para o irmão, agora com família para sustentar.

Vincent deseja que Théo, Jo e o bebê venham passar o verão com ele em Auvers, mas Théo decide partir para a Holanda. Talvez seja o momento em que Vincent tenha se sentido mais solitário e desamparado.

Há alguma coisa de obsceno em "explicar" um suicídio, uma falta de pudor em aplicar palavras como "causa" para uma "conseqüência" de tamanha enormidade. O que há é o gesto que leva à própria morte. A explicação é redutora, e, assim, mesquinha e jamais verdadeiramente convincente. Contentemo-nos em saber como os fatos ocorreram.

Os testemunhos coincidem: nas vésperas do dia 27 de julho, nada fazia prever o gesto de Vincent. As crises parecem cíclicas, elas vêm de três em três meses, mas, naquele momento preciso, van Gogh não aparenta desequilíbrio. Entretanto, ninguém sabe, mas já faz alguns dias que ele passeia com um revólver no bolso.

No domingo dia 27, depois do almoço, hora em que costumeiramente ele trabalha no ateliê, Vincent sai do hotel. No fim do dia os Ravoux, que o estimam muito, se espantam em não ver de volta o hóspede, cujos hábitos são muito regulares. À noitinha ele aparece, não muito firme. A senhora Rávoux questiona: estaria sentindo alguma coisa? Vincent mal responde e sobe para o seu quarto.

O senhor Ravoux fica preocupado. Vai ver Vincent. Encolhido na cama, ele geme. Mostra uma pequena ferida provocada pelo tiro na altura do coração.

Auguste Ravoux manda chamar o médico mais próximo, que está ausente. Só mais tarde vem o dr. Gachet, que habita do outro lado da cidadezinha. A bala desviara na altura da quinta costela. A extração, na época, era impraticável – o médico pôde apenas fazer um curativo e receitar repouso absoluto.

Vincent recusa revelar o endereço do irmão em Paris, para não inquietá-los. Só no dia seguinte, em seu trabalho, é que Théo será avisado.

Vincent não parece muito mal, e Théo, quando chega, se ilude diante de seu vigor físico. Todo o dia 28, o ferido passa na cama, fumando cachimbo, trocando algumas palavras com Théo. À noite, seu estado piora. A agonia é curta: Vincent van Gogh morre no dia 29 de julho à 1 e meia da manhã, com 37 anos de idade.

O dr. Gachet desenha van Gogh no seu leito de morte. Alguns amigos chegam de Paris, entre eles Tanguy e Emile Bernarda.

O enterro foi às 15 horas. Théo oferece aos amigos algumas telas de seu irmão como lembrança. As mais belas, recolhidas pelo dr. Gachet, estão hoje na galeria do Jeu de Paume, em Paris.

No bolso de seu irmão, Théo encontra o esboço de uma carta inacabada, que Vincent lhe destinava e na qual diz:

Meu querido irmão,

Obrigado pela sua boa carta e pela nota de 50 f. que ela continha.

Eu gostaria muito de escrever a você sobre muitas coisas, mas sinto a inutilidade disso. Espero que tenha encontrado esses senhores (os patrões de Théo) com boas disposições em relação a você.

Não vale a pena que você me tranqüilize sobre o estado de paz de seu lar – creio ter visto tanto o bom lado quanto o outro. E estou totalmente de acordo: criar um garoto num quarto andar é tarefa pesada, tanto para você quanto para Jo. Já que isso, que é o principal, vai bem, por que eu insistiria em coisas de menor importância; meu Deus, antes que haja oportunidade de falar de negócios com a cabeça mais descansada, vai ainda provavelmente demorar muito.

Eis a única coisa que eu posso presentemente dizer, e no que me toca, constatei isso com um certo temor e nunca o escondi. Mas isso é tudo. Os outros pintores, pensem o que pensarem, mantêm-se instintivamente a distância das discussões sobre o comércio atual.

Pois é, de fato, só podemos fazer falar os nossos quadros.

Entretanto, meu caro irmão, é isto que já lhe disse e repito ainda uma vez, com toda a gravidade que os esforços do pensamento, concentrados assiduamente para fazer do melhor modo possível, possam produzir – repito ainda que considerarei sempre que você é outra coisa que um simples *marchand* de Corot, que por meu intermédio você participou da própria produção de certas telas, que mesmo na derrocada guardam uma certa calma.

É nesse ponto que nos encontramos, e isso é tudo – ou pelo menos o principal – que posso dizer a você num momento de crise relativa. Num momento em que as coisas andam muito tensas entre comerciantes de quadros de artistas mortos e de artistas vivos.

Pois bem, no meu trabalho, arrisco minha vida e nele metade de minha razão naufragou – bem – mas você não é mercador de homens pelo que sei, e acho que você pode tomar partido agindo com humanidade, mas o que você quer?

O IRMÃO

Parece que há nele dois homens:
um admiravelmente doido,
encantador e meigo, outro
egoísta e impiedoso[1].

Há primeiro o outro irmão, o fantasma. Existiram dois Vincent Wilhelm van Gogh, um filho natimorto do casal Anna Cornelia e Theodorus van Gogh, nascido no dia 30 de março de 1852, e um outro do mesmo casal, o verdadeiro, o que sobreviveu, o pintor de gênio, nascido um ano depois, em 30 de março de 1853.

Jean Leymarie evoca e analisa o olhar de Vincent sobre o túmulo fraterno:

Um primeiro menino que não sobreviveu, de quem ele recebe o nome, tinha vindo ao mundo exatamente um ano antes dele, dia por dia [...] Seu túmulo se encontra na estrada do cemitério, perto da igrejinha onde o pastor celebra o culto, de tal forma que Vincent, desde que

1. Carta de Théo à sua irmã, Paris, 1886.

aprendeu a ler, reconheceu seu próprio nome sobre uma lápide funerária. [...] Vincent vinha no lugar de um outro, era ele próprio um outro. Quem era ele então, e como compensar essa usurpação? "Ao que então poderei ser útil, ao que poderei servir? Há alguma coisa dentro de mim, o que é?" Tal foi o drama ontológico de seu destino: a busca de uma *identidade perdida*, a exigência de *servir* até o sacrifício absoluto[2].

Substituição, dom de si, sacrifício absoluto, como se os irmãos substitutos quisessem provar que não são culpados e que estão prestes a se imolar, eles também. Não foi esse o mesmo caso – na nossa cultura brasileira – de Mário de Andrade, outro substituto de um irmão morto, para quem o princípio sacrificial dirigiu fundamentalmente ação e pensamento?

A relação de Vincent com Théo, seu irmão quatro anos mais novo, é a mais intensa e a mais constante de sua vida. Não conseguem viver juntos – a experiência parisiense que deixou ambos extremamente infelizes mostra isso muito bem. Mas ambos se sentem emocionalmente inseparáveis, e a imensa correspondência, que durou muitos anos, é o elo indissolúvel.

É em 1872, depois de um verão passado na companhia um do outro, que as cartas começam. Vincent tem 19 anos e trabalha na sucursal de Haia da galeria Goupil. Théo tem 15 anos e em breve irá para a sucursal de Bruxelas da mesma galeria. Durante 18 anos, Vincent escreverá para Théo a sua vida, passo a passo.

Desde 1880, Théo o ajuda financeiramente, de um modo esporádico no início, em seguida de maneira constante. É Théo que o encoraja em sua arte e considera os

2. *Qui était van Gogh,* p. 11.

quadros invendáveis de Vincent como paga; é ele que o aconselha, assiste nos momentos de crise, consola. A vocação artística de Vincent, que surge do fundo da derrocada espiritual no Borinage, é tecida com a cumplicidade do irmão. E se a vida comum em Paris, nos anos 1886/7, foi impossível pelos conflitos criados no cotidiano, ela não ameaçará a relação afetiva dos dois.

Nesta amizade fraterna, algumas coincidências – particularmente evocadas por Charles Mauron – se mostram significativas: as crises de Vincent parecem vir estranhamente associadas a momentos em que sente que Théo lhe escapa, ou lhe é roubado.

O episódio da orelha cortada é de dezembro de 1888 e, se está ligado ao de uma outra figura fraterna – a de Gauguin –, corresponde também ao início do noivado de Théo. Retomemos Charles Mauron – Théo vê um substituto ao lado de Vincent: Gauguin. Sentindo-se livre, dispõe-se a casar. Mas Vincent não rompeu as ligações obscuras, profundas, exclusivas, com seu irmão. Reage mutilando-se.

Em julho de 1889 está pintando no campo. Tomado por uma crise nervosa, fica sem sentidos durante vários dias, e leva algumas semanas para recuperar a razão. Pouco antes, tinha recebido a notícia de que sua cunhada estava grávida. Com o nascimento do filho, Théo será obrigado a subdividir ainda mais seu afeto.

Enfim, quando Théo lhe expõe seus problemas financeiros, Vincent compreende que a prova palpável da afetividade de ambos, isto é, o dinheiro que Théo sacrifica a ele, deverá desaparecer. É o momento do suicídio.

Estas coincidências parecem reforçar de maneira perturbadora o amor entre Théo e Vincent. As crises, no entanto, não existem apenas do lado de Vincent. Quando, em Paris, a convivência parece insuportável, o estado de saúde de Théo, que sempre foi frágil, é abalado: uma grave doença nervosa o obriga à imobilidade absoluta.

Depois do suicídio de seu irmão, Théo tenta "fazer justiça à obra de Vincent", como ele mesmo diz. Propõe uma exposição a Durand-Ruel – que recusa – e projeta um catálogo de quadros. Porém, dois meses depois, é acometido por acessos de loucura intermitente. Sua nefrite degenerou em mania delirante, dizem os médicos. Ele retoma os antigos projetos do irmão – em particular o de criar uma associação de pintores de vanguarda, mas as crises se agravam cada vez mais. Ameaça sua mulher e seu filho, torna-se perigoso para eles e deve ser internado. Primeiro em Paris, depois em Utrecht. É lá que vai morrer, no dia 21 de janeiro de 1891, nem mesmo seis meses depois da morte de Vincent.

Em 1914, a viúva transfere as cinzas de Théo – que estava enterrado em Utrecht – para o cemitério de Auvers-sur-Oise. Repousam lado a lado, em túmulos idênticos, Vincent e Théo.

Deste último, conhecemos menos o caráter, porque grande parte de suas cartas foi perdida. A imagem dele aparece para nós na correspondência de Vincent, como num reflexo. Está fora de dúvida, no entanto, que ambos foram inseparáveis e a frase de Vincent na última carta – o "por meu intermédio você participou da própria produção de certas telas" –, fazendo de Théo um co-autor das obras, não é mera retórica. Zadkine realizou três monumentos a van Gogh. O mais belo, de 1964, se encontra em Groot-Zundert, a cidade natal do pintor. Ele representa Théo e Vincent apoiados um no outro, estreitamente enlaçados.

Estavam ligados em todos os níveis – pela carne, pela lembrança da infância, pelo dinheiro, pela reflexão, esperança, e pela própria criação artística de cima em baixo, e entretanto distintos, com lucidez, com dureza, por vezes sem utilizar meias palavras nem enfeitar as frases. O presente concreto está no primeiro plano, as coisas importantes são ditas em três palavras, e no que está por detrás, cada um confia na intuição silenciosa do outro[3].

3. C. Mauron, *Van Gogh, études psychocritiques,* p. 115.

A LOUCURA

*É possível que os grandes gênios
sejam malucos, e que para ter fé e
admiração por eles seja necessário que
saiamos malucos também.
Ainda que fosse assim, eu preferiria
minha loucura à sabedoria dos outros[1].*

Há muito tempo que o rosto de van Gogh tomou, para nós, os traços da máscara da loucura. Loucura sem orelha, loucura da mão queimada, loucura da bala no peito. Pela celebridade de sua vida e obra, apesar de muitos outros artistas terem penetrado o domínio daquilo que chamamos loucura, foi ele quem se transformou no seu símbolo.

E não há dúvida: se tomarmos a linha que nossa cultura traçou entre o comportamento normal e o patológico, Vincent é definitivamente um doido. Varrido.

---

1. Carta a Emile Bernard, fins de julho de 1888.

Disto já sabiam os noventa arlesianos que assinaram uma petição enviada ao prefeito de Arles em março de 1889, pedindo seu internamento – porque ele cortara a orelha, porque ele pintava à noite com uma coroa de velas acesas em volta da cabeça. E a confirmação das autoridades não tarda: soldados o escoltam e o levam até o hospício.

Os médicos, psiquiatras, neurologistas, também sempre o souberam, formulando os diagnósticos mais variados e divergentes. Charles Mauron fez o inventário em seu *Van Gogh, études psychocritiques.*

Entretanto, a lucidez das cartas e a maestria das telas desmentem a concepção oficial e normalizada da loucura. Jacob Baart de la Faille, grande especialista de van Gogh, que publicou na década de 1920 os quatro enormes volumes que constituem o catálogo completo da obra do pintor, escreveu: "Se ignorássemos completamente sua vida, se não conhecêssemos detalhes sobre ele, nenhum intelectual ousaria designar sua obra como a de um louco"[2].

Michel Foucault, em sua *Histoire de la folie,* assinala o desejo constante da psiquiatria da época contemporânea em determinar o rigoroso perímetro no interior do qual se encontrarão as formas da loucura, perfeita e totalmente identificadas pelo discurso analítico, único divisor de águas. Como em *O Alienista* de Machado de Assis, a patologia mental tem seu lugar *dentro* do asilo, e o que está fora é a normalidade.

Neste mundo de fora, entretanto, a loucura pode escapar à análise e encontrar um meio de manifestação –

2. *L'époque française de van Gogh,* Paris, 1927.

um meio "lírico", como diz Foucault, como no discurso filosófico de Nietzsche, no discurso literário de Artaud, de Nerval e, poderíamos acrescentar, nas imagens picturais de van Gogh:

todas as outras formas de consciência da loucura vivem ainda no coração de nossa cultura. O fato de que elas quase não possam mais receber outra formulação além da lírica não prova que elas estejam definhando, nem que elas estejam prolongando, apesar de tudo, uma existência que o saber há muito tempo recusou, mas que, mantidas na sombra, vivificam-se nas formas mais livres e mais originárias da linguagem. E o poder de contestação dela só pode, sem dúvida, ser com isso mais vigoroso[3].

Consciência formulada da loucura, mas não loucura expressa: a loucura não está dentro da obra, está à volta, num contacto como que epidérmico, prestes a submergi-la: lá onde há obra não há loucura, diz Foucault – e a loucura começa justamente onde não há mais obra. Gêmeas no entanto, é numa relação de exclusão que obra e loucura interrogam radicalmente o mundo: "O instante no qual, juntas, nascem e realizam-se a obra e a loucura, é o começo do tempo em que o mundo se encontra acusado por essa obra e responsável do que ele é diante dela"[4]. Pois,

pela loucura que a interrompe, uma obra abre um vazio, um tempo de silêncio, uma questão sem resposta, ela provoca um dilaceramento sem reconciliação onde o mundo é constrangido a se interrogar [...]. De agora em diante, e pela mediação da loucura, é o

3. *Histoire de la folie,* p. 188.
4. Idem, p. 557.

mundo que se torna culpado (pela primeira vez no mundo ocidental) em relação à obra; ei-lo requisitado por ela, constrangido a se ordenar pela sua linguagem, obrigado por ela a uma tarefa de reconhecimento, de reparação, à tarefa de justificar-se por essa desrazão [...]. Astúcia e novo triunfo da loucura: esse mundo que crê medi-la, justificá-la pela psicologia, diante dela ele próprio deve justificar-se, porque, em seus esforços e debates, ele se mede ao desmedido de obras como as de Nietzsche, de van Gogh, de Artaud[5].

Assim, nessa presença concomitante da loucura e da obra, Foucault reconhece uma acusação radical ao mundo. Artaud, entretanto, parece conceber uma acusação ainda mais radicalizada: a loucura é uma palavra, sórdida, a palavra do discurso psiquiátrico, a palavra da "normalidade convencional". Um nome. Mas a força desse nominalismo é tal que ele impera, determina patologia e normalidade, liberdade ou internamento. Machado já nos dera a lição genial: a loucura está nos nomes, não nas gentes; louco será aquele que o psiquiatra chamar de louco. Artaud, na sua recusa da autoridade médica e do discurso que a consolida, denuncia o conceito de loucura como engendrado pela mediocridade ao serviço da ordem:

E o que é um alienado autêntico?

É um homem que preferiu tornar-se louco, no sentido em que isso é compreendido socialmente, a faltar com uma certa idéia superior da honra humana.

É assim que a sociedade mandou estrangular em seus hospícios todos aqueles que ela quis descartar, ou deles se proteger, por se terem recusado a tornarem-se cúmplices de certas altas sujeiras.

5. Idem, p. 556-557.

Pois um alienado é também um homem que a sociedade não quis ouvir e que ela quis impedir de emitir verdades insuportáveis[6].

Um dos textos capitais de Artaud – e um texto capital para a compreensão de van Gogh – é "Van Gogh, les suicidé de la société", seguido de seu "Dossier de van Gogh". Como Vincent, Artaud havia sido internado em hospício, e também lançara-se de corpo e alma na fogueira de sua obra. No começo de 1947, tinha ido visitar uma exposição do pintor em Paris. Além disso, na mesma época, lê um estudo sobre Vincent, suntuosamente editado, de um certo doutor Beer. Basta um parágrafo desse estudo para dar uma idéia do tom e do teor:

Van Gogh era um desequilibrado, com excitações violentas de aspecto maníaco, com desencadeamentos brutais como manias coléricas (formas mistas de Kraepelin). Sua hereditariedade era marcada por uma especificidade provável de seu pai, morto de um *ictus* apoplético (seu irmão mais velho foi um natimorto e seu irmão mais novo morreu demente); do lado materno ele próprio declarou herdar taras epiléticas. Desde sua infância chamava a atenção de seus próximos com seus caprichos, sua teimosia, seus acessos de cólera violentos e convulsos[7].

Diante do tom professoral e pedante, diante do diagnóstico ao mesmo tempo tão seguro de si e tão minúsculo ao pé de seu imenso objeto, a indignação e a raiva de Artaud explodem:

6. Van Gogh, le suicidé de la société, *Oeuvres complètes*, vol. XIII, p. 17.
7. François-Joachim Beer, *Du démon de van Gogh*, Nice: A.I.D.A., 1945, p.53.

O escalpelo de merda de um médico não pode continuar triturando indefinidamente aquilo que faz o gênio de um grande pintor. Desequilibrado estéril? Merda[8].

E Artaud nega a loucura de van Gogh, transfigurando-a em suprema lucidez. Ele compreendeu a chama que abrasara a existência do pintor: lucidez, fruto da exacerbação, lucidez, clara e fulgurante, extrema e impiedosa, nascida da dificuldade de viver, mas sem a sombra de uma concessão; tão intensamente luminosa que ela fere nossos olhos, nos cega, criando para si um berço de mistério:

Não há fantasmas nos quadros de van Gogh, não há visões nem alucinações.
É a tórrida verdade de um sol de duas horas de tarde.
Um lento pesadelo genésico pouco a pouco elucidado[9].

Assim, van Gogh *elucida,* esclarece: das trevas da loucura ele passou à lucidez de uma iluminação superior. Ficam para nós as zonas de mistério, de obscuridade, que se encontram por detrás da luz, intensa luz que disfarça suas próprias razões. As razões da luz, para nós desconhecidas, são chamadas de loucura:

(...) não se conhece *tudo,* digo tudo da vida dos grandes pintores, dos grandes poetas;
e que história é essa de orelha
cortada trazida, oferecida por van Gogh à sua bem amada,
ela lhe tinha feito
antes disso

8. Dossier de Van Gogh, *Oeuvres complètes,* vol. XIII, p. 167.
9. Van Gogh, le suicidé de la société, p. 43.

misérias,
e misérias, a sociedade,
van Gogh ofereceu o objeto de seu entendimento
ao objeto de seu amor ELEITO
como ele teria oferecido
no fim
2 tostões de merda
não ao objeto de seu amor eleito,
mas a tudo aquilo que o impedia de atingir o amor
eleito[10]

Van Gogh era uma dessas naturezas de uma lucidez superior que lhes permite, em todas as circunstâncias, ver infinita e perigosamente mais longe do que o real imediato e aparente dos fatos.

E que são por isso cheias de intuições, de premonições, de presciências, que sempre foram um constrangimento tenaz para a consciência de todos os dias, digo a consciência plebéia e ordinária de todos os dias, que inventou há um século a psiquiatria como parapeito.

Ora, a psiquiatria foi, como todos sabem, inventada para defender a consciência presente, roubar a certas faculdades supranormais todo o direto de entrar na realidade[11].

"O que quer você, tenho momentos em que fico retorcido pelo entusiasmo, pela loucura ou pela profecia, como um oráculo grego diante de seu tripé" (Vincent van Gogh a seu irmão Théo, Arles, 3 de fevereiro de 1889).

10. Dossier de Van Gogh, p. 225.
11. Idem, p. 177-178.

Três historinhas (falsamente) morais e edificantes

Primeira Historinha

Vincent produzira muito em Nuenen – mais de duzentos quadros, fora os desenhos – antes de partir para Antuérpia, em novembro de 1885. No ano seguinte, sua mãe muda de cidade e deixa tudo no depósito de um carpinteiro, onde as obras ficam até 1903, quando, para esvaziar o local, elas são vendidas (juntamente com uns objetos de cobre) por dois florins e meio (cerca de cinco dólares atuais). Os desenhos foram destruídos, pois se tornaram material de recuperação para uma fábrica de papéis. No momento da limpeza do depósito, várias telas desapareceram, pois foram dadas a crianças que bricavam por lá e que, com elas, confeccionaram aventais coloridos. Quanto às demais, felizmente o sr. Mouwen, um alfaiate, comprou o que restava, fazendo escapar assim a maior parte dos quadros da destruição.

Segunda Historinha

O sr. Poulet, empregado do hospício de St.-Paul-de-Mausole e encarregado de tomar conta de van Gogh quando ele saía para pintar, contou que o filho do dr. Peyron, o médico chefe, ao descobrir uma caixa de quadros deixada por Vincent quando partiu para Auvers, teve a excelente idéia de utilizá-los como alvo para um treino de tiros de espingarda. Lembrando o caso, o sr. Poulet comentou para um repórter: "Ah! se o senhor tivesse visto o massacre!". E acrescentou que Vincent lhe confiara ter tentado, em Arles, trocar algumas de suas telas por mercadorias, com açougueiros e quitandeiros: "Alguns me deram coisas de graça; mas ninguém quis meus quadros".

Terceira Historinha

O Dr. Félix Rey, médico no hospital de Arles, se afeiçoara muito a van Gogh. Em agradecimento pelos seus cuidados, Vincent pintou seu retrato e lhe deu de presente. O dr. Rey serviu-se da tela para tapar um buraco no galinheiro de sua casa. E foi o pintor Charles Camoin que, numa visita ao dr. Rey, alertou-o sobre o interesse e o valor do quadro. O médico acabou vendendo a obra a Auguste Vollard pelo equivalente a 150 dólares. Em 1908, era o colecionador russo Stchukin que comprava o mesmo retrato por quatro mil dólares. Hoje, ele está no Museu de Arte Moderna de Moscou.

As histórias desse gênero são inúmeras. François Duret-Robert reuniu-as em "Lè destin de ses tableaux", ensaio que faz parte do *Van Gogh* da coleção Génies et réalités, editado por Hachette em 1980. Creio que elas podem nos trazer um sentimento de auto-satisfação e de reconforto. No primeiro caso, porque, se os contemporâneos do pintor eram incapazes de compreender seus quadros, nós hoje podemos sorrir com comiseração e desdém, pois conhecemos o valor de sua obra. No segundo porque, tudo bem considerado, houve um final feliz – a pintura de van Gogh vingou-o e seu gênio acabou sendo universalmente reconhecido. Moral edificante: o que tinha valor terminou por vencer, se impondo; e bem feito para o público, que não soube comprar suas telas quando não valiam nada, perdendo assim o melhor negócio do mundo.

Mas é vanglória sentirmo-nos superiores aos homens de há um século. Num momento de descompasso entre o gosto do público e a criação artística que se renova, num momento de transformações profundas das infra-estruturas comerciais da produção artística, em que os *marchands,* as galerias de arte se afirmam como um motor capital no interior da dinâmica das artes, nesse período de mudanças, casos críticos como o da relação van Gogh/público são perfeitamente compreensíveis como sintomas. O contrário é que seria de espantar: o público de ontem não é culpado de seus critérios, nem o público de hoje tem mérito pelos seus. O que houve foi uma conjunção de fatores que determinaram esses critérios coletivos, e uma evolução cultural permitiu depois a recuperação de Vincent van Gogh.

Mais ainda. O primeiro quadro de Vincent a aparecer num leilão foi *As Fábricas de Clichy,* parte da herança de

Tanguy, leiloada em 1894. Foi vendido pelo equivalente aproximado de cem dólares atuais. Em 1980, uma outra tela, *O Jardim do Poeta* (período de Arles), foi vendida num leilão nova-iorquino. Por cinco milhões e duzentos mil dólares. A diferença fabulosa entre os dois preços mostra como os quadros de van Gogh tornaram-se um investimento vertiginosamente lucrativo.

Uma questão que volta sem cessar nas cartas de Vincent é: por que, em matéria de arte e seu comércio, são sempre os mesmos que têm razão? Pode-se acrescentar que, em todo caso, são sempre os mesmos que continuam ganhando.

Para conhecer Van Gogh

Para conhecer van Gogh duas coisas são necessárias – e sinto mesmo a tentação de dizer que elas são suficientes: seus quadros e suas cartas.

No Brasil – em São Paulo, no Museu de Arte – podemos ver cinco admiráveis obras:

– *Natureza-morta,* com um prato e um vaso de flores, pintado no início de seu período parisiense, em 1886;

– O magnífico *O Passeio ao Anoitecer* (casal passeando no fim da tarde), do período de St.-Rémy, de outubro de 1889;

– *O Banco de Pedra* (no parque do hospício de St.-Paul-de-Mausole), período de St.-Rémy, também de outubro de 1889;

– *O Colegial* (com o boné, apoiado a uma cadeira), grande obra-prima que coloca problema de datas: talvez do período de St.-Rémy, de janeiro de 1890, ou possivelmente de 1888, do período arlesiano;

– *A Arlesiana,* uma das três versões (e, ao meu ver, a mais bela) do retrato da sra. Ginoux, com roupa escura, feitas a partir de um desenho de Gauguin no início de 1890 em St.-Rémy (as duas outras estão em Roma e em Otterlo; do mesmo período existe uma quarta versão em roupa clara, que se encontra em Nova Iorque).

Essas obras são notáveis. Mas não são suficientes para o conhecimento da produção de van Gogh. Para tanto, a menos de percorrer os museus da Europa e dos Estados Unidos, é preciso contentarmo-nos com reproduções. Existem alguns álbuns editados no Brasil. Nenhum deles porém substitui os dois volumes consagrados ao pintor pela excelente coleção *Classici deliarte,* editada por Rizzoli de Milão (e por Flammarion na França). Mesmo no Brasil esses livros têm a vantagem de custar relativamente barato. Eles comportam uma abundante ilustração em cores e um catálogo completo, cujo aparato crítico é perfeito, acompanhado de pequenas reproduções em branco e preto de *todos* os quadros do pintor.

As cartas foram parcialmente traduzidas em português. Infelizmente, o conjunto de toda a correspondência é bastante inacessível: a edição mais completa é composta de três grossos volumes enfeixando 821 cartas, longas, pois van Gogh escrevia tão intensamente quanto pintava, publicada em 1960 na França por Gallimard/ Grasset, sob a direção de Georges Charensol. Sua leitura é um mergulho num universo interior prodigioso de intensidade, e a possibilidade rara de comunhão com um ser excepcional.

Diante das obras e das cartas, os outros textos parecem quase dispensáveis. É verdade que a literatura sobre van Gogh é imensa, e, em grande parte, decepcionante – ou porque seduzida pelo romanesco da biografia, ou porque se contentando com paráfrases por vezes de um lirismo duvidoso sobre os quadros. Muito estudo sério existe, no entanto, e muita reflexão profunda o personagem e sua pintura suscitaram. Contento-me em citar aqueles cuja leitura significou afinidades e interesse mais fortes para mim. É desnecessário dizer que estou longe de conhecer a integralidade da enorme bibliografia em um número impressionante de línguas.

ARTAUD, Antonin. Van Gogh, le suicidé de la société*. In *Oeuvres complètes,* V. XIII. Paris: Gallimard, 1974.

DRIEU LA ROCHELLE, Pierre. *Mémoires de Dirk Raspe.* Paris: Gallimard, 1966.

LEYMARIE, Jean. *Qui était van Gogh.* Genebra: Skira, 1968.

MAURON, Charles. *Van Gogh, études psychocritiques.* Paris: José Corti.

ROBERT, Marthe. Le génie et son double. In *Van Gogh.* Paris: Hachette, 1980.

REWALD, John. *The Post-impressionism – from van Gogh to Gauguin.* Nova York: 1956 (há também uma edição francesa).

Existem, evidentemente, outros textos ilustres, como os de Jaspers, Hoffmansthal, Mirbeau, Bataille, Heidegger, Schapiro ou Derrida, cada um ao seu modo, enriquecedores e fascinantes – embora por vezes haja em alguns a tentação de transformar van Gogh num pretexto ou numa ilustração.

---

*. Trad. bras. Van Gogh, O Suicidado da Sociedade. In *Linguagem e Vida*. São Paulo: Perspectiva, 1998. (N. da E.)

Enfim, a leitura de Foucault – particularmente a *Histoire de la folie** (Paris, Gallimard, 1972) – é fecunda para refletirmos sobre a "loucura" do pintor, mesmo se van Gogh só é ali nomeado de raspão.

---

*. Trad. bras., *História da Loucura,* São Paulo, Perspectiva, 1976. (N. da E.)

JORGE COLI

Professor Titular em História da Arte e da Cultura, no Departamento de História do Instituto de Filosofia e Ciências Humanas da Unicamp. Formou-se em História da Arte e Arqueologia na Universidade de Provença (Aix-Marseille I), França. Fez seu doutorado em Estética pela Universidade de São Paulo e a livre-docência em História da Arte e da Cultura pela Unicamp. Ensinou na Universidade da Provença, Toulouse-Le Mirail, e Paul Valéry, de Montpellier (França), foi professor visitante nas Universidades de Paris I (França), Osaka (Japão), e Princeton (EUA), e Visiting Scholar da New York University (EUA). Entre outros livros, publicou *O que É Arte* (Brasiliense), *Música Final* (Editora da Unicamp), *A Paixão segundo a Ópera* e *Ponto de Fuga* (Perspectiva). Foi colaborador regular do jornal *Le Monde* (França), e é responsável pela coluna cultural Ponto de Fuga (Caderno Mais!, *Folha de S. Paulo*). Em colaboração com Antoine Seel, traduziu para o francês *Memórias do Cárcere*, de Graciliano Ramos (Gallimard) e *Os Sertões*, de Euclydes da Cunha (Métailié). Recebeu o prêmio Gonzaga Duque, da ABCA, como melhor crítico de arte de 2002.

IMPRESSÃO E ACABAMENTO
Bartira Gráfica e Editora S/A